JN424954

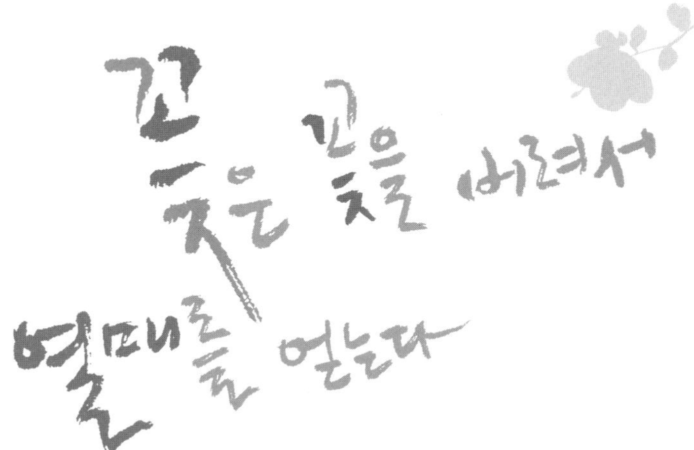

민병도 수필집

목언예원

꽃은 꽃을 버려서 열매를 얻는다

지은이 · 민병도
펴낸이 · 민병도
펴낸곳 · 목언예원

초판 인쇄 : 2013년 4월 15일
초판 발행 : 2013년 4월 20일
초판 2쇄 : 2014년 9월 15일

목언예원
출판등록 : 2003년 2월 28일 제8호
경북 청도군 금천면 선바위길 53 (신지2리 390-2)
전화 : 054-371-3544 (팩스겸용)
E-mail : mbdo@daum.net

ISBN 978-89-94733-16-6 03810

가격 : 10,000원

꽃은 꽃을 버려서 열매를 얻는다

— 나를 버려야 내가 보인다

— 넘어지지 않으면 일어나는 법을 모른다

— 나도 누군가에게 짐이 아닌지

— 행복은 먼저 보는 사람이 가진다

민병도 수필집

목언예원

굳이 가늠하자면 수필과 인연을 맺은 지가 오래다. 대학시절에 〈시문학사〉에서 개최한 전국대학생 에세이모집에서 당선한 것으로 셈해도 40년이다.

물론 본업인 그림과 시조에 정신이 팔려 집중하지는 못 하였지만 운문이 갖지 못한 산문만의 너그러움을 떨쳐내지는 못했다는 표현이 옳을 것이다.

예술의 길에 삶의 전부를 던져 넣은 지난 시간들 속에서 나를 온전히 지탱해준 힘을 꼽으라면 무엇보다도 자연이 보여준 섭리를 빼놓을 수 없을 것이다. 자연은 언제나 내가 묻는 물음에 변함 없이 대답해 주었고 나는 그 대답을 한 번도 의심해보지 않았다. 언제나 의심하지 않아도 되는 대답을 들을 수 있다는 것은 얼마나 큰 축복인가.

— 머리말

여기에 실린 글들은 나의 가장 든든한 후견자인 자연이 내게 들려준 그 대답들이다. 1, 2부는 새로 쓴 글들이고 3, 4부는 첫 수필집에서 가려 뽑은 글들이다.

막상 정리해놓고 보니 수필로서의 완성도가 떨어지는 글들뿐이어서 미흡하기 그지없다. 다만 나를 잠 깨워 함께한 시간들의 기록이라 자위할 따름이다.

2013년 4월 5일 청명절 아침

민병도

CONTENTS

꽃은 꽃을 버려서 열매를 얻는다

— 민병도 수필집

행복은
먼저 보는 사람이 가진다

01

소리의 마음 — 군자는 그릇이 아니다 — 심은 대로 거두리라 — 굽은 나무가 선산 지킨다 — 마음 속의 실상사 — 멋 — 물, 그 하심의 사전 — 비 오는 날에는 — 우리 — 행복은 먼저 보는 사람이 가진다 — 고독과의 대화 — 생명의 노래 — 순간과 영원의 선택

소리의 마음

화실 2층 작은 쉼터에 풍경을 달아놓았다. 두 개를 달았는데 하나는 조금 둔탁한 듯한 지상의 소리를 들려주었고 또 하나는 맑디맑은 하늘의 소리를 들려주었다. 하지만 두 개의 소리가 뒤섞여 기대와는 다른 분위기가 연출되었다. 지상의 소리는 매일 같이 듣는 소리이니 종탁을 제거하여 소리를 멈추게 하였다. 하늘의 소리를 들려주는 것도 네 개의 종탁 가운데 두 개를 버리고 나자 낮의 소리는 생략하고 밤의 소리만 들려주기 시작하였다.

끝없이 맑고 청아한 밤하늘과 같은 소리! 이 소리를 들어본 사람들은 한결 같이 가슴 한 귀퉁이에 하늘의 소리를 한 소절씩 담아서 가곤 하였다. 거기에는 말로는 다가갈 수 없는 시간이 있고 공간이 있고 그리움이 있었다. 간절함과 순수함이 있고 저만의 색깔과 저만의 크기가 있었다.

그런데 가만히 생각해보면 그토록 청아하게 들리는 소리의 감동도 실은 침묵이 가져다준다는 것을 알 수 있었다. 주변이 어지럽고 산만하거나 그 시간대가 소란하면 그 소리의 아름다움을 느낄 수가 없을 것이다. 소리는 침묵의 줄기이며 침묵은 소리의 뿌리와 같다.

이러한 소리에 뜻이 담겨지면 비로소 말이 된다. 말도 소리지만 뜻과 목적을 지니므로 말 이전의 소리만큼 감동으로 남겨지기가 어렵다. 인간의 말은 입을 통하지만 영혼으로부터 나온 것이어야 한다. 그렇지 않으면 그 또한 소리에 불과하다.

인도의 국부라고 불리던 마하트마 간디는 "깊은 말씀은 깊은 침묵에서 나온다"며 매주 월요일을 〈침묵의 날〉로 정하고 부득이할 때에는 종이를 펴놓고 필담으로 대신했다고 한다. 아무리 교훈적인 가르침이라도 그 감동이 반드시 소리 안에서 나오는 것이 아니라 침묵에서 더욱 큰 울림이 전달된다는 것을 일깨워 주고 있다. 소리는 침묵과 침묵사이의 진동이다. 곧 침묵이 소리를 재는 기준인 것이다.

모든 소리는 충돌에서 비롯된다. 부드럽게 부딪치면 부드러운 소리가 나고 거칠게 부딪치면 거친 소리가 난다. 크게 저항하면 큰 소리가 나고 작게 저항하면 작은 소리가 나기 마련이다. 상대의 힘을 아무런 의심 없이 그대로 받아들인다면 거기엔 아무런 소리가 일어나지 않는다. 내가 무엇인가 소리치고 싶다는 것은 누군가의 저항을 꺾어보겠다는 마음의 계산이 작동한 결과이다.

세상의 모든 소리는 단순히 소리자체가 아니라 존재와 존재의 영혼을 이어주는 다리나 다름없다. 만져지지 않는 감정의 금고요, 폭발을 기다리는 기쁨의 화약상자다. 그것은 슬픔을 길어 올리는 두레박이요, 부서져서 배달되는 연애편지다. 또한 그것은 손을 쓰지 않는 회초리요, 사랑으로 꽂는 돗바늘이다. 그러므로 소리에도 마음이 있다.

오래 전에 경주박물관 뜰에 있는 성덕대왕 신종소리를 한 번 들어본 적이 있었다. 눈을 뜨고서도 아직 깨어나지 못한 우주의 모든 존재들을 향하여 자신의 몸이 부서지도록 두들겨서 내는 소리는 아프고도 깊은 충격이었다. 그리고 그 소리는 오래도록 내 곁을 떠나가지 않았다.

“정녕 나는 에밀레, 에밀레 번져나가는 소리의 경전을 들으면서 누군가를 위하여 그토록 간절한 종소리가 되었던 적이 있었던가. 한없는 열정으로 자신의 모든 에너지를 한꺼번에 분출해내기 위하여 또 얼마나 많은 침묵을 견뎌야 하는가를 나는 헤아려 본적 있었던가.”

누구에게나 자신에게 알맞은 소리가 있다. 그리고 그 소리를 지키는 것이 중요하다. 자신의 소리를 놓치거나 자신의 소리를 뛰어넘으면 모든 중심이 무너지고 흔들리게 된다. 혼돈에 휩쓸리기 마련이다. 내가 가진 소리에도 나름대로의 주어진 역할이 있다. 낮은 소리의 화음을 약속하고서도 큰 소리를 지르면 합창이 제대로 이루어질 리가 없다. 소리의 마음과 마음의 소리가 하나일 때 비로소 우리는 하늘의 소리를 듣게 되는 것이다.

군자는 그릇이 아니다

내가 아끼는 소장품 가운데 〈군자불기君子不器〉라는 4자성어의 붓글씨가 있다. 제주도 출신의 서예가 소암 현중화 선생의 작품으로 마치 빗자루로 쓴 듯이 거칠고 꾸밈없는 모습이 볼 때마다 새로운 기운을 느끼게 하는 작품이다. 잘 써야겠다는 마음으로 정성껏 다듬어 놓은 글씨의 단정함이 없는 대신 바위에 부딪친 계곡물의 꿈틀거림이 손에 잡힐 듯하다. 가만히 보고 있기만 해도 흐트러진 마음이 하나로 모아지는 느낌이 든다.

하지만 이 글씨와의 첫 대면에서 내가 마음을 빼앗긴 까닭은 그 내용에 있었다. 〈군자불기君子不器〉, '군자는 그릇이 아니다'는 뜻이리라. 공자의 말씀으로 『논어』의 위정편爲政篇에 나오는 말이다.

그릇은 음식을 담아내기에 알맞은 일정한 틀을 지니고 있다. 밥그릇은 쉽게 식지 않을 두께를 지녀야 하고 술잔은 손아귀에 쏘옥 들어올 만한 크기라야 한다. 국그릇은 보다 깊고 커야 하고 생선그릇은 얇고 넓어야 한다. 옹기는 옹기자리에 놓여야 하고 종기는 종기자리에 놓여야 마땅하다.

아마도 군자라면 그 크기가 생선접시나 국그릇으로 정해져 있어서는 안 된다는 의미일 것이다. 처음부터 그렇게 그릇처럼 한계를 지어버린다면 굳이 열심히 공부하여 지식을 쌓는다 할지라도 널리 사용할 수가 없을 것이며 아울러 인격을 갖추고 덕을 실천하기도 어려울 것이다. 그렇게 자기 안에 만족하고 아집과 편견에 길들여진 사람이라면 따를만한 사람이라고 말할 수 없을 것이다.

무릇 그릇의 쓰임은 그것에 무엇을 담느냐에 달렸다. 실제로 아무리 질이 좋고 모양이 아름다운 그릇이라도 그 그릇의 표면이 필요한 것이 아니라 그 속의 빈 공간을 필요로 한다.

그릇은 또한 언제나 자신만의 크기 안에 갇혀 있다. 한 말 크기의 물 항아리는 물을 비워도 한말의 크기를 지키고 있고 다섯 말의 장독은 된장을 다 퍼내어도 다섯 말의 크기를 지킨다.

사람도 마찬가지다. 틀 속에서 찍혀 나온 그릇으로 만족하는 사람이라면 소인일 것이다. 그리고 그 그릇의 외형을 초월하는 사람이야말로 대인이며 군자라 할 수가 있다.

소인은 자꾸만 내 이야기를 하려고 하고 대인은 최대한 남의 이야기를 들으려 한다. 또한 소인은 내가 잘 되기를 바라고 대인은 남이 잘 되기를 바란다.

소인은 남의 잘못을 꾸짖고 대인은 나의 잘못을 꾸짖는다. 소인은 남에게 엄격하고 대인은 나에게 엄격하다.

그렇다면 어떤 사람을 일러 군자라 할 것인가.

아마도 『논어』에서 말하는 '종심소욕 불유구從心所欲 不踰矩', 즉 '마음 내키는 대로 하여도 규범에 어긋나지 않' 은 사람이 아닐까 싶다. 듣고 말하는 것에 임의자재하고 능통한 사람, 아직은 최고의 이상적 인간상이라고 할 수 있는 성인에는 미치지 못하지만 성인의 그 인격과 덕망을 닮으려고 노력하는 사람이 이에 해당될 것이다. 그리하여 공자는 50세를 지천명知天命이라 하고 60세를 이순耳順, 70세를 종심從心이라하여 끊임없는 목표지향성 수양과 실천을 강조하였다. 결국 군자는 전문가가 아니라 언제 어디서나 실천하는 지성인을 말한다.

'군자불기君子不器', 나날이 외형과 외모에 지나치게 집착하고 있는 오늘의 현실을 감안해보면 얼마나 적절한 진단이며 처방인지 모른다.

나는 슬그머니 고개를 돌려 나 자신이 지나온 날들을 되돌아본다.

"나는 혹여 시인이라는 그릇, 화가라는 그릇을 사랑하는 수집가가 아니었는지를. 정말로 시라는 그릇과 그림이라는 그릇에 담을 좋은 음식을 만드는 요리사이기 위하여 노력하였는지?."

심은 대로 거두리라

해마다 그랬듯이 나는 올해도 화실 텃밭에 방울토마토며 강낭이며 가지, 고추, 오이 모종을 심었다. 한 치의 의심도 없이 토마토의 줄기에선 토마토가 열리고 오이 줄기에서는 오이가 열릴 것이다. 같은 강낭이라 할지라도 한 일주일씩의 간격을 두고 몇 차례 나누어 심으면 한 달 내내 수확이 가능하다. 정말 심은 대로 거둔다는 말을 실감하게 된다.

바짝 마른 땅에 심은 것은 도무지 클 생각을 않는데 상대적으로 비옥한 쪽에 심어진 놈은 몇 갑절 크게 자라고 열매 또한 몸통이 휘어지도록 열린다. 신기하게도 이것들은 조금만 관심을 주지 않으면 이내 잡초더미에 묻혀버리거나 말라비틀어진 모습을 보인다.

내가 미처 생각하지 못했던 것까지 기억해서 폴라로이드 사진처럼 그 진상을 드러내놓고 만다. 그 어떤 속임수나 거짓말을 할 줄 모른다.

사실은 내가 이렇게 몇 가지의 씨앗을 심어서 땀 흘리며 가꾸어서 얻는 수확을 돈으로 치자면 매번 적자를 면치 못한다. 몇 개월을 땀 흘려 북을 돋우고 잡초를 뽑아내는 수고를 치자면 생산비는 고사하고 모종 값에도 못 미치기 일쑤다. 그런데도 나는 해마다 즐거이 이 수고를 선택하고 있다. 그것은 아무리 뒤섞여 함께 나뒹굴어도 제 덩굴을 찾아서 열리는 열매들을 보는 경이로움 때문이다.

물을 좋아하는 놈과 햇빛을 좋아하는 놈이 벌이는 신경전과 채소와 잡초가 벌이는 한 판 승부가 주는 무언의 교훈 때문이다. 그리고 덤으로 안게 되는 수확의 기쁨은 결코 돈으로 살 수 있는 상품들과는 비교할 수가 없다.

특히 그리던 그림이 진로를 잃어버렸거나 해법을 찾지 못할 때, 시상이 막혀서 앞이 보이지 않을 때 나는 주로 텃밭에 나간다. 지나치게 웃자란 순을 치거나 무성하게 자라버린 풀을 뽑으면서 소통의 실마리를 찾는다.

'정녕 내가 꿈꾸는 열매의 씨앗을 제대로 골랐는가. 소화하지도 못할 만큼 거름을 많이 줘서 웃자라게 하지나 않았던가. 세찬 비바람 앞에 버팀목을 세워주지 않아서 쓰러지게 하지는 않았는가. 유독 수분을 좋아하는데 물을 주지 않아 시들게 한 것은 아닌가. 너무 욕심이 지나쳐 한꺼번에 많이 달아 제대로 크지도 못한 채 늙어버리지나 않았는가.'

꽃을 피우거나 더러는 열매를 맺은 채소들을 보면서 이런 저런 생각들을 풀어나가다 보면 의외의 해답을 얻기도 한다. '그렇구나, 너무 많은 욕심을 부렸구나. 그렇게 빈틈없이 채워놓았으니 화면이 꽉 막혀서 답답할 수밖에….' 등등 세상이 필요한 답이라고 반드시 사전 속 깊이 숨어 있는 것은 아니었다.

그렇다. 내일의 결실을 원한다면 오늘 당장 무엇을 심어야한다. 한 해를 준비하는 사람에게는 보리 씨앗이나 볍씨를 뿌리는 게 맞을 것이고 10년을 준비하는 사람에게는 사과나무가 알맞을 것이다. 그러기에 옛날 우리 조상들은 딸을 낳으면 오동나무를 심는다 하지 않았던가. 20년 이상 키워서 장롱을 만들어 함께 보내기 위해서 말이다. 오늘 준비하지 않으면 내일의 보상은 없다

하지만 세상에는 씨도 뿌리지 않고 수확을 꿈꾸는 사람들이 의외로 많다. 내가 나에게 얼마나 뜨거웠나를 돌이켜 생각해보아야 한다. 더욱이 사람은 문화적 존재가 아닌가. 문화가 선택된 삶의 반복적 방식이라고 볼 때 일반 동물들의 그것에서 보듯이 본능만을 추구하며 살수가 없다. 의당 먼저 씨를 뿌리고 그 씨앗을 키워서 수확을 기다리자.

물론 결과가 오기 전에 그것을 예측하기란 어렵지만 그리 중요한 일이 아니다. 삶에 있어서는 결과보다 과정의 의미가 더욱 소중할 때가 허다하다. 결과만을 쫓다가 보면 과정을 무시하게 되고 왜곡하게 된다.

사람들은 삶이라는 텃밭에 무엇을 뿌려두고, 무엇을 기다리며 사는가. 그것은 두말할 나위도 없이 꿈이라는 씨앗을 뿌려 두고 행복이라는 열매를 기다리며 살아갈 것이다. 천금을 가진들 행복하지 않다면 무슨 소용이 있으며 만금을 지닌다고 불행만이 계속된다면 그것은 한갓 초개와 다르지 않을 것이다. 만약 지금이 행복한 삶이라면 굳이 천금은 왜 필요하며 만금인들 또한 왜 필요하겠는가.

씨앗이 아까우면 수확은 꿈꾸지 말아야 한다.

굽은 나무가 선산 지킨다

우리 속담에 '굽은 나무가 선산 지킨다'는 말이 있다. 아무래도 곧고 굵은 나무는 집을 짓거나 가구를 만들기 위하여 우선순위로 베어져 나가게 된다. 하지만 등이 굽거나 상처투성이의 못 생긴 나무는 부름을 받지 못하고 오래도록 산에 남게 된다. 어찌 보면 지극히 평범하고 당연한 말이지만 그 속뜻은 보다 깊은 의미를 지니고 있다.

대개 이런 말을 들추어 낼 때는 내놓고 자랑할 만한 입장이 못 되는 자식을 둔 부모에게 보내는 위로의 경우가 대부분이다. 공부를 잘 하거나 재주가 뛰어난 아이들에 비해 상대적으로 어딘가 모자란다고 속상해하는 부모들에게는 적잖은 위로의 말임에 틀림이 없다.

잘나지는 못해도 부모와 함께 한다는 의미가 담겨져 있기 때문이다.

사실 어려서부터 재주가 있고 능력이 뛰어난 자식들은 대부분 부모를 떠나 도회로 나가기 마련이다. 그리고 홀로 독립하여 사회에 적응하지 못한 자식들이 대체로 부모와 함께 살았던 경우가 많다.

지나간 농경중심의 전통사회가 아니라 바로 지금도 그 같은 현상은 지속되고 있다.

전에는 그럴 때마다 '잘 난 나무'에게는 미래를 맡겼고 '굽은 나무'에게는 선산을 맡겼다.

미래는 미래대로 중요하고 과거는 과거대로 소중하였다. 그래서 분별하고 우열을 가리는 대신 똑같이 각각의 주요 역할을 나누었다. 1류가 아니면 안 되는 세상, 2류만 되어도 낙심하고 좌절하는 요즘 세상에서 보면 얼마나 슬기로운 자세였던가.

사실 하루가 다르게 농촌이 텅텅 비어 가는 오늘날만큼 이 말의 쓰임이 유효한 때도 없을 것이다. 지나치게 승리만을 강조하고 일등을 강요하는 사회, 자꾸만 금을 긋고 칸을 나누어 차별화로 치닫는 지금이야말로 이 말이 보약처럼 자주 쓰여져야 한다.

기다림이 부족하고 양보하는 마음의 여유가 사라진 사회, 무슨 일이든 줄을 세워 순위를 매기고 어떤 일이든 승패를 갈라야 직성이 풀리는 사회에서 '선산을 지키'는 일이란 작은 일일 수도 있을 것이다. 하지만 작아도 소중한 일이 있다. 보잘 것 없어도 감사한 일이 있다.

제주도 서귀포 해변가에는 우리나라 초대 대통령이었던 이승만 기념관이 있다. 원래는 이승만 대통령의 별장이었으나 지금은 호텔로 개발되고 그 한쪽 언덕에 자그마한 기념관이 마련되어 있다. 대통령의 기념관이라고 하기에는 너무나 초라한 모습이지만 망명생활을 해야 했던 그의 만년을 생각하면 그나마 다행한 일이라고 여겨진다.

그 가운데서 유독 눈길을 끄는 코너가 하나 있는데 그것은 다름 아니라 영부인이었던 프란체스카 여사가 손자를 위하여 손수 깎아 주었다는 일곱 개의 몽당연필이다. 손에도 잘 잡히지 않을 만큼 짧은 것들이었다. 부족할 것이 없는 대통령의 안방 살림을 도맡은 영부인이 아니던가. 일반인들이라면 몇 번이나 버렸을 연필을 곱게 깎아서 손자의 손에 쥐어 주었을 마음을 헤아리자면 안쓰럽다 못해 가슴이 찡해진다.

어디 연필 한 가지만 그러했겠는가. 아마도 그것은 어느 한 가지라도 함부로 대하지 않고 하찮게 생각하지 않는 삶의 자세였으리라. 어쩌면 궁상스럽기까지 한 절약정신 앞에서 모두가 숙연해지는 모습을 보았던 기억이 오래도록 남아있었다.

모든 것은 마음의 자세에서 비롯된다. 풀은 풀대로, 나무는 나무대로 제 쓰임이 있고 제 생명의 길이 있다. 짧은 연필을 쥐고 '이 것밖에 없냐' 고 불평을 할 수도 있고 '이만큼이나 남아 있잖아' 라고 다행스러워 할 수도 있다. 행복을 선택하느냐, 불행을 선택하느냐 하는 것도 바로 이 작은 생각의 방향에서 비롯된다.

따지고 보면 곧은 나무는 곧아서 좋고 굽은 나무는 굽어서 좋다. 그렇게 함께 어우러져 세상을 만들어 간다. 내가 생각하는 기준에서 보면 모자랄 수도 있고 불필요할 수도 있을 것이다. 하지만 상대편의 입장에서 보면 결과는 아주 다르다.

사람의 생각으로 함부로 자연을 재단하고 판단하는 것은 옳은 일이 아니다. 나 하나의 기준으로 세상을 진단하고 평가하는 것 또한 바람직한 일이 아니다. 숲 속에 들어가면 숲을 볼 수 없고 숲 밖에 나오면 나무를 볼 수 없다. 우리는 지금 너무 쉽게 어느 한 쪽의 입장이 되어버린다. 우리는 지금 너무 빨리 불행으로 가는 마차에 몸을 싣는다.

마음속의 실상사實相寺

절의 이름 하나만으로도 가장 가보고 싶었던 곳이 실상사實相寺였다. 군데군데 발굴작업으로 어수선한 분위기의 실상사를 두어 번 다녀온 적이 있었는데 도무지 머리 속에서 지워지지가 않는다. 하얗게 매화꽃이 핀 풍경의 아름다움이나 잔설이 남은 절간 풍경이 아니라 절 이름이 주는 메시지가 깊은 여운을 남겨주었기 때문이다. 하지만 이제는 내가 그렇게 가보고 싶어 한 실상사는 내 마음 속에 남겨두기로 하였다.

실상實相, 과연 우리 인간에게 보여지는 실상에는 어떤 것들이 있을까. 실상이란 모든 존재의 참된 본성을 말하는 불교용어다. 석가모니의 깨달음의 실체이자 본연의 진실을 의미하며 일여一如, 실성實性, 무위無爲, 열반涅槃 등의 의미와 크게 다르지 않다. 하지만 세상에는 영원불변의 실상이 존재하지 않는다.

허주 스님은 조선조 말기 무언설법無言說法으로 이름난 선객仙客이었다. 어느 날 화계사에서 신도들이 스님을 모셔놓고 무언설법이 너무 이해하기 어려우니 이번에는 모두가 알아들을 수 있도록 말로서 설법을 해달라고 부탁해서 그렇게 하겠노라고 다짐까지 받았다.

수많은 신도들이 운집하자 스님은 법좌에 올라가더니 아니나 다를까 또다시 예의 그 무언설법을 시작하는 것이 아닌가.

참다못한 한 신도가 가볍게 항의를 했다.

"스님, 말로써 설법을 하신다더니 또 무언이십니까?"

그러자 마지못한 스님이 "용하다."고 한 마디 던지고는 또 말이 없었다. 신도들이 가만히 있을 리 없었다.

"무엇이 용하다는 것입니까?"

"굼벵이라는 놈이 땅 속에 엎드려 살다가 나무 밑으로 기어 나와 등짝이 벌어지더니 매미가 되어 저렇게 나무 위에서 '맴맴' 하고 울다니 용한 일이 아니겠는가. 사람 또한 무엇이 다르겠는가."

입을 다물고 있는 신도들을 향해 스님은 크게 "맴맴"하고 매미 우는 소리를 지르고는 법좌를 내려와 버렸다. 신도들은 이때의 설법을 〈매미법문〉이라고 일컬었다.

사실 설명으로 해명하고 해결될 일이라면 설명하지 않아도 해결될 일이다. 굳이 〈도덕경〉을 빌리지 않더라도 '도를 도라고 하면 이미 도가 아니' 고 '이름을 항상 같은 이름으로 생각하면 이미 그 이름이 아니' 다. 세상 모든 존재의 실체는 상대적일 뿐 절대적인 존재는 불가능하다.

나의 화실에는 귀가를 가장 반갑게 맞아주는 세 마리의 진돗개가 있다. 먼발치에서부터 차 소리를 구분해 내고는 어쩔 줄을 몰라 뛰어오르거나 괴성을 질러대기도 한다.

어미의 이름은 '누리' 이고 수컷 새끼는 '마루' , 암컷 새끼는 '시내' 이다. 이들은 하나같이 자신의 이름이 불리어지면 어떻게든 대꾸나 반응을 한다. 마치 자신들이 '누리' 이고 '마루' 이고 '시내' 인 것으로 알고 있다. 반가워서 뛰어오르는 이들을 바라보고 있노라면 관념이란 참으로 무서운 것이구나 하는 생각이 든다.

처음부터 '누리' 를 '강산' 으로 불렀다면 자신이 '강산' 으로 알게 되었을 것이고 '하늘' 이라고 불렀으면 '하늘' 로 알았을 것이 아닌가. 그렇다면 처음부터 정해진 '누리' 는 없었고 '마루' 도 '시내' 도 없었다는 의미가 아닌가.

그런데 이제는 익숙해져서 나는 물론이거니와 개들도 자신이 다른 이름으로 생각하지 않는다. 다만 이렇게 이름을 붙이는 것은 우리 스스로가 편리하도록 취한 하나의 약속일 뿐이다. 그런데 자꾸 길들여지다 보면 그 약속의 감옥에 갇혀버리기가 십상이다.

실상은 세상 그 어떤 눈에도 모습이 드러나지 않는다.

멋

한 번은 이탈리아 밀라노의 브레라 국립미술대학교 총장 일행을 안내하여 대구 인근에 있는 파계사를 찾은 적이 있었다. 진동루에 이르기까지도 나는 내내 페르난도 데 필립피 총장 일행의 눈치를 살펴야 했었다. 왜냐하면 이미 우리들 일행은 동화사를 거쳐오면서 적잖은 낭패를 경험했기 때문이었다.

동화사 대웅전이나 본디 가람에서는 비교적 관심과 흥미를 느끼던 그들 일행의 태도가 돌변한 것은 소위 통일약사대불이라는 새로운 불역에 이르렀을 때였다. 더 이상 볼 필요가 없다고 했다. 처음에는 물론 세계적인 돌 조각의 나라에서 보아왔던 그들의 심미안으로 보자면 다소 이질적일 수 있겠거니 생각하였지만 실은 그것이 아니었다.

왜 나무로 해야 될 기둥이 시멘트 콘크리트로 했으며 신라 때에도 정으로 쪼아서 다듬었던 석탑이며 석등이 온통 전기톱으로 성의 없이 망가뜨려 놨느냐는 이야기였다. 그 좋은 돌을 어쩌면 저리도 훼손시켜 놓았느냐는, 실로 감당하기 민망한 불만이 한동안 이어졌다.

그들은 한국에 여행 오기에 앞서 우리문화와 역사에 관해 너무나 많은 것들을 미리 공부해 왔던 터라 나는 아예 해명 같은 것을 할 수가 없었다. 보다 한국적인 것, 보다 불교적인 것은 이런 것이 아니라는 논리 앞에서 나는 대안을 찾을 수밖에 없었다.

나는 순간적으로 파계사가 떠올랐다. 마침 성우 주지스님이 전화로 연결이 되어서 승방의 참모습을 보여주기로 결심했던 것이다. 그런데 뜻밖에도 그들은 너무나 진지해졌다. 쓰러져 가는 요사채며 지워져 군데군데 흔적만 남은 단층 앞에서 예의 그 호기심을 드러내는 것이 아닌가. 그제야 나도 마음이 놓였다. 아니 꼭 지은 죄를 탕감

받는 기분이었다.

마치 번뇌와 속박을 벗어버린 듯한 스님의 미소와 전문 차인의 솜씨로 우려내는 녹차 한잔, 때마침 하얀 창호지를 통해서 파고드는 오후 햇살의 눈부심이 어우러져 일순 아무도 말을 끄집어 내지 못하고 고요 속으로 깊이깊이 젖어 들었다.

그들은 가부좌를 따라해 보기도하고 차 마시는 예절을 청해 듣기도 하며 시간 가는 줄을 몰랐다. 이윽고 한 시간여가 지나서 나는 다음 일정을 알려주었더니 오후의 다른 일정을 모두 취소하고 그 자리에 조금만 더 있으면 안되겠느냐고 주문해와 그리하였다.

결국 그들은 이탈리아로 돌아가기 전에 승복 한 벌씩과 목탁과 발우, 그리고 불교유인물들을 적잖이 사서 돌아갔다.

그들은 우리의 사찰이 갖는 개개의 멋에 너무도 깊게 빠졌던 것이다. 풍경소리에 흔들리는 단청의 연꽃과 창호지를 뚫고 들어오는 눈부신 햇살, 천천히 차를 우려내는 방안 분위기와 특히 탈속의 경지에 다다른 큰스님의 맑은 미소야말로 아무리 닮으려해도 연출이 불가능한 멋의 진수가 아니었던가.

멋, 그것은 아마도 주변과의 조화를 나타내는 기준일 것이다. 시간이 그것을 도와야하고 공간이 그것을 선택해야 근처에 이를 수가 있다. 억지로 꾸며서는 갈 수 없는 품격에 붙이는 이름이다.

멋에도 꾸며진 멋과 자연스러운 멋이 있다. 물론 인위적인 멋은 인간의 영역이고 자연적인 멋은 조물주의 영역이다. 외모로 나타나는 멋도 있을 것이고 품성이나 인성 안에 내재된, 보이지 않는 멋도 있기 마련이다.

하나 뿐인 버스 토큰과 우산을 그녀에게 주어버리고 비를 맞으며 어둠 속으로 걸어가는 청년이 있었다. 멋있는 사람이었다.

아흔의 나이에 돋보기도 없이 불경을 보는 노승이 있었다. 정말 멋있는 사람이었다.

이탈리아에서 온 손님들의 눈에 멋스럽게 비춰진 부분은 오랜 시간동안 길들여져 온 우리의 환경에 잘 조화된 아름다움이었을 것이다.

물, 그 하심下心의 사전

1860년, 수운 최제우水雲 崔濟愚 선생에 의해서 창도된 동학東學의 기본 사상은 인내천 사상人乃天思想이다. 즉 인간과 하늘은 별개가 아니라는 의미이다. 따라서 동학에서의 하늘은 대상적 하늘이 아니라 인간 안에 내재한 하늘이다. 그러므로 하늘을 알려면 구체적으로 인간 자신이 먼저 자각하지 않으면 안 된다.

그런 동학(후에 천도교로 바뀜)의 의식에서는 청수(맑은 물)가 가장 소중한 제수祭需로 사용된다. 물을 떠놓고 제사를 올리는 것이다.

왜 하필 물을 선택하였을까. 물은 모든 생명을 살리며 자신의 모양이 없기 때문이다. 언제나 가장 낮은 곳에 자리하며 언제나 자신의 길을 수정하는 속성을 지녔기 때문이다. 청결하고 유동적이되 무소부재하여 모든 자연물의 근원이기 때문이다. 한마디로 물은 자신을 낮추는 마음, 즉 하심下心의 상징이다.

높은 위치에 있거나 높이 올라가고자 하는 마음이 남아 있을 때 사람들은 누구나 불안하다. 하지만 자신을 낮추려고 하면 긴장할 이유가 없어진다. 그저 편안하기만 하다. 그런데 그 하심의 물이 종내는 하늘을 얻게 된다.

그래서 옛 선인들은 "세상을 얻고자한다면 자기를 낮추는 것부터 몸에 익혀야 한다"고 가르쳤다. 자신을 낮춘다는 것은 상대를 드러나게 하는 것이니 상대에 대한 긍정이 없이 어찌 상대를 얻을 수 있겠는가.

세상에는 물의 마음처럼 하심下心으로 크게 이름을 떨친 사람들이 많지만 뉴턴이야말로 그 가운데서도 대표적인 예가 될 것이다.

만유인력의 법칙을 확립한 근대이론과학의 선구자, 뉴턴은 태어나기도 전에 이미 아버지가 사망한 유복자였다. 어머니 또한 3살 때

재혼하여 참으로 불운한 어린 시절을 지내지 않으면 안 되었다. 우리의 일반적인 생각으로는 최악의 가정환경이 아닐 수 없으며 이러한 환경에서 뉴턴이라는 세계적인 물리학자이며 천문학자이며 수학자가 나왔다는 점을 믿으려하지 않을 것이다.

특히 그는 페스트가 영국 전역을 휩쓸어 다니던 캠브리지의 트리니티 단과대학 칼리지가 폐쇄되어 고향에서 보내는 동안에도 좌절하지 않고 오히려 떨어지는 사과를 보고 만유인력의 법칙을 창안하였다. 그는 흔히들 하는 말로 '위기는 또 다른 기회다' 라는 가장 모범적인 실천을 이루어내는 자세를 갖추고 있었던 것이다. 그는 자신을 낮추는데 길들여진 사람이었다.

뉴턴은 85세를 일기로 숨을 거두기 직전에 자신을 "거대한 진리의 바닷가에서 조약돌을 만지며 놀던 소년"이라고 말했다. 만유인력의 법칙이 포함된 〈자연철학의 수학적 원리(프린키피아)〉 하나만으로도 이미 세계적인 업적을 남겼거늘 반사망원경 제작, 미분학과 미적분학의 정리, 저항법칙 등 불가사이한 업적을 남긴 그였지만 정작 스스로는 거대한 진리의 바다에 비해 무의미할 정도로 보잘 것 없는 사실들에 매달리다가 떠나가는 인생에 불과하다고 했다. 이 얼마나 무한한 대자연의 진리에 대한 하심下心인가.

가는 곳을 알고 가지 않아도 언제나 한 치의 어긋남도 없이 물은 목적지에 안전하게 당도한다. 작은 가시, 잡동사니, 장애물이 가로막고 유혹을 한다고 참견하고 시비하면 결코 목적지에 당도할 수가 없다. 삶도 마찬가지다. 매화향기는 매화나무에게 주어야 하고 붉은 동백꽃빛은 동백나무에게 주면 된다. 굳이 내가 다 가질 일이 아니다.

물은 흘러가면서도 강은 가져가지 않는다. 아는 길조차 물어가면서도 언제나 길을 놓치는 사람들이 배워야 할 모습이다. 거기에 동학의 정신이 있다.

비 오는 날에는

봄을 재촉하는 비가 사흘이나 계속되더니 뜰의 매화 몇 송이가 서둘러 꽃망울을 터뜨렸다. 상큼한 향기와 함께 다가오는 어떤 기운이 잠긴 문을 두드리듯이 마음을 흔든다. 전선을 타고 먼 길을 달려온 전류가 전구를 밝히듯이 금방이라도 세상이 환해질 것만 같다. 비가 가져다준 선물이다.

비는 그저 하늘에서 내리는 물이 아니다. 물이라도 그대로의 물이 아니다. 그것은 생명의 살림이요, 생명 그 자체다. 그것은 선택이요, 그것은 축복이다. 그리고 그것은 아무도 함부로 할 수 없는 신의 은총이다.

비는 뭐니뭐니 해도 봄비가 좋다. 소곤소곤 아직 잠에서 깨어나지 않은 초목들을 깨우고 꽃눈을 터뜨리는 그 손길이 좋다. 아니 목이 타도록 메마른 논바닥을 적시며 쏟아지는 소나기, 여름 나절의 비도 좋기는 마찬가지다.

아니다. 곱게 단장하고 떠날 채비를 서두르는 낙엽의 손을 붙잡는 가을비가 좋다. 온 몸이 얼어붙어 삭신이 쑤시는 대지 위를 은침처럼 쏟아지는 겨울비는 또한 어떠한가.

이렇게 비가 오는 날에는 혼자가 좋다. 창 밖으로 우두커니 비 오는 모습을 보고 있거나 비를 맞으며 봄이 오는 길을 따라 봄 마중을 나가도 간섭하는 이가 없으니 얼마나 자유로운가. 빗소리를 들으며 사랑하는 사람과 함께 우산을 쓰고 거닐었던 추억에 젖어보는 일은 얼마나 낭만적인가. 마치 정의의 사자처럼 끓어오르는 울분을 식히기 위해 흠뻑 비에 젖던 젊은 날을 돌아보는 일은 또한 얼마나 아름다운가.

비 오는 날에는 눈이 부신 전깃불 대신 촛불을 켤 일이다. 그리하여 노래가 없어도 노래에 취하고 커피가 없어도 커피에 취할 일이다. 창문으로 흐르는 빗물을 따라가서 들풀을 깨우고 나무를 일으켜 세우고 아직은 야윈 강물과 만나고 드넓은 바다를 꿈꾸어도 좋다.

선 채로 잠이 드는 나무들은 비도 서서 맞는다. 비를 맞으면서 나무들은 감당하기 어려운 자신의 감정들을 씻어낸다. 때로는 희망이라는 이름 뒤에 숨은 욕망도 함께 씻어낸다. 아무런 죄도 없이 남의 입살에 당한 상처도 말끔히 게워내는 것이다.

비는 수직으로 내려와 수평으로 대오를 갖춘다. 집요하게 그리고 정확하게 공격목표물을 함락시킨다. 언제나 차갑게 다가와 뜨겁게 포옹을 한다.

비는 자신이 마음먹은 대로 길을 낸다. 허공에도 길을 내고 바위 위에도 길을 내고 연 잎 위에도 길을 낸다. 길 위에도 다시 길을 내고 길 밖에도 길을 낸다. 비가 내는 길 가운데에는 내 마음 안으로 내는 길이 가장 아름답다. 나와 꼭 같은 마음을 가진 사람에게로 길을 열고 이슥고 그 길을 이어준다.

비가 내는 길에는 누군가가 부르기라도 한 듯 모두가 하나같이 한 쪽 방향으로만 걸어간다.

모든 나무와 들풀과 새들마저도 비를 맞는데, 비를 맞으며 자신들의 죄를 씻는데 사람들은 자꾸만 우산을 덮어쓴다. 빗물이 샐까봐 두 겹 세 겹으로 지붕을 엮고 창문을 닫는다. 비를 맞기 싫어하면서부터 사람들의 감정은 한층 더 딱딱해지기 시작했고 남들과의 거리를 의식하기 시작하였는지 모르겠다.

비 오는 날에는 가급적 비를 맞자. 그리하여 성장을 멈춰버린 감정도 자라게 하고 그리움도 보충해 넣자. 잃어버린 여유도 되찾게 하고 아스라한 낭만에도 흠뻑 젖어보자.

우리

오랜만에 서울 나들이를 하기 위해 새마을호 기차에 올라탔다. 차가 출발하자마자 역무원의 안내방송이 들려왔다.

"우리는 지금 서울로 가는 새마을호를 타고 있습니다. …"

순간, 평소에 늘 사용하는 말이면서도 '우리' 라는 낱말이 주는 묘한 뉘앙스에 젖지 않을 수 없었다. 과거 같으면 '지금 이 기차는…' 하고 시작하였을 터인데 '우리' 라는 낱말을 유독 강조하는 것이 새로워진 모습이었다.

"우리는 지금 대전 역에 도착하고 있습니다. …"

한참을 가다가 중간 기착지에 도착하면서도 그 표현은 바뀌어 지지가 않았다.

우리는 '우리' 라는 낱말에 유난히 친밀감을 가진 민족이다. 우리 어머니, 우리 오빠, 우리 동네, 우리나라 등 남달리 공동체질서를 마음 깊이 익혀온 민족이다. 여러 명의 자식들을 두었던 과거는 또 그렇다하지만 자식이 하나밖에 없는 오늘에 와서도 '내 아버지' 라고 부르지 않고 '우리 아버지' 라고 일컫는다. 오죽하면 남편마저도 '우리 남편' 이라고 부를까. 낱말이 주는 액면성을 그대로 받아들이면 남편도 공유라는 뜻이 아닌가. 그만큼 그러한 정서에 깊숙이 길들여져 왔음에도 불구하고 공공장소에서 남이 하는 말을 듣자니 왠지 새로운 기분이 들었다.

이처럼 '나' 를 '우리' 라는 공동체 의식 속에서 이해하고 해석하는 오랜 인습은 분명 서구의 개인주의적 사고와는 비교할 수 없는 미덕임에 틀림이 없다. 그럼에도 이러한 오랜 인식체계는 '사촌이 논을 사면 배가 아프다' 속담처럼 때로는 개인적 차별성을 부정하려는 경향으로 변질되기도 한다.

이를테면 남을 받들어서 영웅을 만든 다음에 함께 긍지를 느끼는 것이 아니라 남을 끄집어 내려서 자신을 돋보이게 하겠다는 경쟁심이 곧 그것이다. 하지만 그것은 남을 밟아서 가라앉히면 자신도 함께 가라앉는다는 것을 계산하지 못한 어리석은 셈이다.

우리나라 사람의 조급한 성미를 풍자한 이야기들이 적지 않다. 그 가운데는 이런 것도 있다.

한국 사람, 일본 사람, 미국 사람 이렇게 셋이서 함께 고립이 되었다. 하루가 지나지 않아 목이 마르기 시작하였다. 한국 사람이 밖으로 뛰쳐나가서 막대기로 우물을 파기 시작했다. 한 나절이 지나자 일본 사람이 삽을 가지고 나타나 우물을 파기 시작했다. 미국 사람은 우물은 파지 않고 창고에서 뚝딱거리고만 있었다. 또 한나절이 지난 뒤에 그 미국 사람은 우물 파는 기계를 만들어 가지고 나타나서 작업을 시작하였다.

자, 누가 가장 먼저 우물을 파서 물을 마셨을까. 제일 늦게 시작한 미국 사람이 먼저 우물을 파서 물을 마셨고 그 다음은 일본 사람이 물을 마실 수가 있었다. 그렇다면 가장 먼저 우물을 파기 시작한 한국 사람은 어떻게 되었을까. 그는 도중에 우물파기를 포기하고 말았다. 왜냐하면 두 사람이나 우물을 파는데 얻어 마시면 된다는 계산이 섰기 때문이다.

또 교육현장에서 어린이 훈육의 관심사로 드는 사례 가운데는 이런 이야기도 있다.

미국 사람은 아이들이 자신의 의견이나 진로 등에 관하여 물어오면 스스로 잘 판단해서 결정하라는 답을 내린다. 먹고 싶은 음식이나 갖고 싶은 장난감이나 심지어 가고 싶은 학교까지도 그렇다. 그러나 그 결과의 책임 또한 아이들 스스로가 감당해야 된다는 전제가 뒤따른다.

이는 물론 미국 사람들의 여유로움과 자신감의 한 모습일 수도 있을 것이다. 또 그것은 그만큼 상대적인 상승작용을 부추겨 그야말로 무서운 저력을 창출해낸다는 점이다.

일본 사람은 하루하루 남에게 피해를 끼치거나 신세지는 일이 없도록 노력하라는 주문이 가장 중요한 관심사라고 한다. 물론 전범국가로서의 양심과 반성이 깃들여진 행동방식이다. 적어도 이는 다른 나라 사람들의 양해와 동의를 얻어내는 가장 적극적인 화해조치일 수도 있을 것이다.

마지막으로 한국 사람은 어떤가. '절대 기죽지 말라' 는 당부가 가장 큰 관심사라고 한다. 절대로 남에게 지지 말라는 당부를 입이 닳도록 강조한다. '하다 안 되면 얼굴이라도 할켜버리지 그냥 얻어맞지는 말라' 는 당부다. 이도 저도 아니면 돌이라도 던져볼 일이지 속수무책으로 당하고 돌아오는 일은 가문에 수치라는 이야기도 덧붙인다.

다분히 피해의식의 표출이자 열등의식의 과장된 표현이 아닐 수 없다. 이러니 공동체 사회를 살아가는 질서를 몸에 익히기가 쉽지 않은 것이다.

문제는 우리는 우리 스스로가 자랑스러울 때는 세상의 그 어느 나라보다도 강력한 힘과 역량을 발휘하면서도 조금만 뜻대로 이루어지지 않으면 반대로 극단적인 자포자기에 들어간다는 점이다.

우리민족을 가장 불행하게 만든 요인으로 우리는 흑백논리를 곧잘 들곤 한다. 내 것이 옳으면 네 것은 반드시 그렇다는 단정이 그것이다. 이 자기중심적 편견에 불과한 가치설정은 언제나 대립과 갈등으로 사회와 국가의 기강마저도 흔들어놓게 된다.

또 다른 한 가지는 우리 민족이 너무 정치 지향적이고 권력 지향적이라는 점이다. 이상을 지향해간다면 그 영역이 길수록 넓어지게 되지만 권력을 지향하게 되면 그 영역은 갈수록 좁아지기 마련이다. 그러니 야수들이 다투듯 싸울 수밖에 없는 것이다.

독선과 독단은 개인적인 몫이다. 집단의 밖에 있을 때 그것은 하등의 문제가 되지 않는다. 하지만 집단 속에서의 실천을 위해서는 반드시 합의가 필요하다는 단서가 붙는다.

이 세상에는 합의를 거치지 않은 집단질서가 강제된 사례가 얼마든지 있다. 주로 약소국의 경우이겠는데 그들은 곧잘 애국심이라는 포장으로 민중의 피해의식을 감추려고 든다. 반면에 선진국의 애국심은 질서를 확장시키고 민주정신을 고취시키는 쪽으로 발전되어지기 마련이다.

합의가 이루어지지 않는 채 힘의 논리로 쟁취하고자 한다면 한시적으로는 그 뜻을 이룰지 모르나 힘이 쇠퇴해지면 반드시 배척받기 마련이다.

92년 간이나 국가 경쟁력을 결집하여 만들었던 황룡사나 24년 간의 민심이 모아진 석굴암, 더 나아가 천년에 가까운 세월동안 변함 없이 정성을 바쳤던 저 경주 남산의 문화유산은 권력지향에서는 기대할 수 없는 이상지향의 결과물에 다름이 아니다.

우리의 힘에 대한 착각은 민주시민으로서 불편 없이 살아가는데 많은 불편과 많은 인내를 요구하는 것이 사실이다. 예를 들면 우리는 검문을 하더라도 가던 버스를 세워놓고 검문이 끝날 때까지 그 버스를 세워놓는다. 그런데 선진 민주국가에서는 어떠한가. 가던 버스에 올라타서 다음 정거장까지 검문을 하면서 도착한 다음에 다시 되돌아오면서 검문을 계속하는 것이 관례로 되어있다.

'우리'에 대한 생각이 많이 달라졌다. 그만큼 함께 하는 안도감이 사라졌다는 반증이 된다. 나누면 나눌수록 줄어들 것이라고 믿기 때문이다. 함께 한다는 것이 상대적으로 경쟁자일 뿐이라는 압박감 때문이다. 방해받고 싶지 않은 이기심 때문일 것이다.

하지만 나는 '내 어머니' 보다는 '우리 어머니'가 좋다. '내 아이' 보다는 '우리 아이'가 마음 든든하고 '내 집' 보다는 '우리 집'이 더욱 더 정감이 간다.

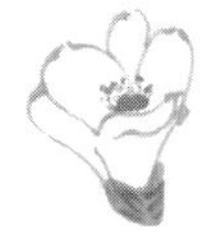

행복은 먼저 보는 사람이 가진다

며칠 전 주부들을 상대로 한 모임에서 강의를 마치고 내려서려 하는데 나이 지긋한 한 독자가 "선생님은 언제 불행하다고 여기십니까?" 하고 질문 아닌 질문을 해왔다. 나는 순간적으로 "한 번도 불행을 생각해 본 적이 없는 것 같은데요." 라고 대답을 했던 것 같은데 "설마요?"라고 되묻는 것이었다. 나는 뭐라고 변명 섞인 대답을 했던 것 같은데 그 질문이 한참 동안 나의 귓전에서 떠나질 않았다.

'정말 불행하다고 생각해본 적이 없었는가? 그렇다면 항상 행복하였단 말인가? 행복하다고 생각하였다면 지나친 자기 보신補身적 자세는 아니었을까. 불행한 적이 없었다는 것도 자기 위안이기는 마찬가지였을지 몰라. …'

아무리 곰곰이 생각해보아도 "나 같이 운이 없는 사람은 없을 거야"라며 불운을 탓해본 적은 없는 것 같았다. 그리고 남달리 행복하다고도 마음 들떠본 적도 없었던 것 같다.

엄밀히 따져보면 불행이라는 단어를 붙잡고 씨름을 하기에는 내가 당당하지 못했던 점이 더 많았다고 하는 편이 옳을 것이다. 좀 더 시 쓰는 노력을 했으면 더 좋은 작품을 얻었을 것이고 그림 그리는 일에 보다 많은 노력을 기울였으면 지금보다 훨씬 더 성취도 높은 작품을 만날 수가 있었을 테니까 말이다.

타고난 재주도 마찬가지다. 분명 나보다 못한 사람들도 얼마든지 있을 테니 최악의 상태는 아닐 터이다. 지금의 현실도 나보다 불우한 경우가 얼마든지 많이 있을 테니 불행하다고 말하면 정말 불행한 사람들에 대한 모독일 수도 있다. 더 모자라고 부족한 경우를 생각하면 공연히 면구스럽다.

행복, 그것은 '자신이 바라는 바가 이루어지는 상태의 느낌'을 포괄적으로 일컫는 단어이다. 따라서 바람이 적으면 이루고자 하는 목표치도 낮으니 쉽게 행복에 도달할 것이고 바람이 크면 목표치도 높아서 행복에 도달하기가 어렵기 마련이다. 그러니 목표치를 낮추면 자주 행복할 것이고 목표치를 높이면 가끔씩 행복할 것이다. 이처럼 행복이란 마음의 상태를 말함이니 사실상 큰 행복이니 작은 행복이니 따로 구분이 되지 않는다.

언제나 가진 것을 먼저 생각하는 사람은 행복과 친할 것이고 언제나 없는 것부터 먼저 생각하는 사람은 불행에서 벗어나지 못하는 법이다. 우리네 삶의 어느 구석을 둘러봐도 '십 원어치의 행복', '만 원어치의 행복'이 따로 존재하지는 않는다. 아무리 불행해도 '천 원어치의 행복' 혹은 '백만 원어치의 행복'을 사서 자신의 불행을 메울 수는 없다. 행복이니 불행이니 하는 것은 상대적이다. 절대적인 행복이란 이 세상 어디에도 없기 때문이다

행복은 그 모양이 아무리 크고 화려할지라도 생각이라는 집 안에서 산다. 행복이 생각을 벗어나면 그 자리에서 소멸되고 만다. 생각이 바로 행복의 집이기 때문이다.

문제는 생각에 있다. 아무리 중증의 행복망상증 환자나 불행집착증 환자라도 생각을 바꾸면 8, 90퍼센트는 치유가 가능하다. 이를테면 내가 못하는 게 아니라 남이 잘하는 것이라고 인정하면 된다. 내가 불운한 게 아니라 남에게 행운이 있다고 인정해버리면 된다. 내가 슬픈 것이 아니라 남이 기쁜 것이라고 생각하고 내가 모자라는 게 아니라 남이 남는다고 생각해버리면 된다. 내가 못났다고 한탄하면 불행해질 것이고 남이 잘났다고 인정하면 마음이 한결 편안해 질 것이다.

나는 스스로 행복하다고 자위하는 편은 아니지만 적어도 불행하다고는 생각해 본적이 없다. 왜냐하면 세상에는 나보다 부족하거나 나보다 나약하거나 나보다 절박한 경우가 너무도 많기 때문이다. 아침에 일어나 제일 먼저 하는 일이 오늘도 나와 함께 하고 있는 내 생명의 주인인 영혼에게 고맙다는 인사이다. 특별히 따로 격식을 갖추지는 않지만 오늘도 살아있음에 감사한다. 왜냐하면 '오늘'은 수많은 날들 가운데서도 내 생애의 단 하루뿐이기 때문이다. 무수히 많을 것 같은 '오늘'이지만 언젠가는 내 생애의 마지막 날이기도 하기 때문이다.

내가 아무리 최선을 다해 내 몸의 주인인 생명을 지켜낸다 해도 함께 해줄 영혼이 가출해버리면 무슨 의미가 있겠는가.

예로부터 우리네 행복관은 '초가삼간 집을 짓고 양친 부모 모셔다가' 오래도록 편하게 살고 싶은 미래지향적 욕구에 맞추어져 있었다. 오늘은 힘겨워도 다가올 행복한 미래를 위하여 참고 견디며 일하는 것이 미덕이었다. 사실 순간순간 성취가 따르는 일의 즐거움이야말로 행복의 가장 빠른 오솔길이다. 문제는 '지나치게 일방적인 수고가 곧 행복'이라는 등식은 보장성이 없다는 점이다.

눈에 보이지도 손에 잡히지도 않는 행복을 향한 필생의 수고가 절대적 행복으로 직결되지 못했을 때의 대비도 필요하다. 그러기에 오늘 내게 알맞은 행복을 찾아내어야 한다. 진정한 행복은 남의 것을 나누거나 빼앗는 것이 아니라 자신이 만들어내는 것이다. 행복은 주인이 없기 때문에 먼저 보는 사람이 주인이다. 이 세상 어디에도 행복을 파는 가게는 없다.

내일 행복하기 위해서라면 오늘의 불행 또한 방치해서는 안될 것이다. 아름다운 미래는 아름다운 오늘이 모여서 이루어지기 때문이다.

도스토예프스키는『악령』에서 '불행은 자신의 행복을 모르기 때문'이라고 하였다. 불행은 필요하지 않은 것을 가지려고 하는데서 비롯된다. 불필요한 것으로부터 자유로운 삶이라면 그 자체가 행복한 삶이라 할 수 있다. 중요한 것은 행복은 생각의 집인 마음에서 자란다는 점이다.

고독과의 대화

어제도 오늘도 생각지도 못한 손님들이 화실로 찾아왔다. 이제는 예기치 못한 손님을 맞는 일에도 길이 들여져 생활의 일부가 되어버렸다. 요즈음은 찾아오는 이들은 대개 눈 덮인 풍경을 만끽하며 마음의 여유를 찾고자하는 화가들이거나 글 쓰는 사람들이다. 아무리 반가운 사람들이라 할지라도 내가 할 수 있는 대접은 차 한 잔 내어놓는 것이 전부지만 가끔씩은 이렇게 눈 덮인 창 밖 풍경을 다식茶食 대신 덤으로 내어놓기도 한다.

몇 잔의 차를 나누는 동안 손님들의 옷깃에 묻혀온 도심의 이야기들이 다 소진되고 나면 한결같이 '혼자서 적적해서 어떻게 사느냐' 는 걱정을 쏟아놓는다. 아마도 '적적' 하지 않느냐는 물음은 '외롭지 않느냐' 라는 물음의 조심스러운 표현일 것이다.

그런 물음에는 딱히 준비해둔 대답이 없다. 왜냐하면 '외롭지 않다' 는 대답은 수긍이 잘 안 되는 과대포장으로 받아들이기 십상일 것이고 '외롭다' 는 대답은 지나친 세속적 관점일 것이기 때문이다. 나는 그럴 때마다 대게는 빙긋이 웃어넘긴다.

사람은 태생적으로 모두 다 혼자다. 어느 누구도 내가 느끼는 것과 똑같이 느끼지 못하며, 내가 생각하는 것과 똑같게는 생각하지 못한다. 제각각 세상에서 유일한 존재이다. 따라서 살아있는 한 함께 할 집단 속으로의 욕망을 저버리지 못하며 자신을 인정해줄 대상을 포기하지 못한다.

사람이 혼자라는 것은 그 자체가 곧 외로움이다. 아무리 우주가 규정해준 질서라 하지만 그 질서를 지켜낸다는 것은 또 그만한 부담을 요구하기 때문이다. 하지만 외롭다는 의미와 고독하다는 의미는 조금 다르다. 외로움이 흔들리는 나무라면 고독은 미동도 않는 나무와 같기 때문이다. 버려진 느낌의 혼자는 외로움이지만 찾아 들어간 혼자는 고독이다. 외로움은 고통을 수반하지만 고독은 고요와 창조를 동반한다. 외로움의 친구는 절망이지만 고독의 친구는 희망이다.

그러고 보니 도심을 떠나 시골로 내려온 지도 10년이 훌쩍 지나가 버렸다. 처음 얼마동안은 적적하다는 느낌을 이겨내려고 노력하였는지도 모른다. 외로움을 극복하려고 책도 읽고 강변을 거닐었는지도 모른다. 그러면서 차츰차츰 혼자라는 게 외로움이 아니라 고요한 자유라는 쪽으로 생각이 바뀌어갔다. 오히려 시를 쓰는데 유리하고 그림을 그리는데 자유로웠다. 이제는 혼자 누리는 고독의 공간이 더 편안하고 여럿이 함께 하는 시간들이 오히려 불편하고 불안하기까지 하다.

그렇다. 예술을 하는 사람이라면 특히 고독과 친할 필요가 있다.

바깥의 모습만 보면 고독은 얼음처럼 차갑고 칼날처럼 날카롭다. 유리벽처럼 사면이 차단되어 숨이 막힐 듯하고 모든 길이 차단된 어둠처럼 캄캄하다. 하지만 고독의 속으로 들어가면 촛불을 켠 듯 환하고 샘물이 솟듯 언제나 희망이 넘친다. 푸른 들판이 펼쳐져 있고 별들은 길을 밝혀주고 있다. 언제나 꿈을 그릴 수 있는 하얀 한지가 펼쳐져 있고 언제나 미래로 향하는 길이 기다리고 있다.

물을 주면 싹이 자라고 사랑을 주면 꽃을 피우는 고독, 고독은 무엇일까. 어떤 사전의 설명처럼 '주위에 마음을 함께 할 사람이 없어 혼자 동떨어져 있음을 느끼는 상태'라면 분명 슬픔의 편일 것이다. 그러나 이 같은 논리만으로는 고독의 참모습에 접근할 수가 없다.

고독은 하나의 상태가 아니라 또 하나의 우주이며 질서이기 때문이다.

나는 어쩌면 고독해지기 위하여 이곳, 시골 강변으로 화실을 옮겼는지 모른다. 고독해지기 위하여 도심을 버렸고 고독해지기 위하여 도시로부터 나를 격리시켰는지 모른다. 말하자면 고독 속으로 들어가기 위해서 찾아온 것이다. 고독 속에는 고독이 없기 때문이다.

지금은 고독과 많이 친해졌다. 신명이 날 때는 고독과 악수를 하고 힘겨울 때는 고독과 대화를 나눈다.

외롭고 싶다고 다 외로워지는 것이 아니듯이 고독해지고 싶다고 다 고독해지는 것은 아니다. 진정으로 고독 속으로 들어가고 싶으면 고독과도 대화를 나눠야 한다. 그러자면 먼저 고독의 마음을 읽어야 한다. 사정하고 설득하여 고독으로 들어가는 문을 열어야 한다.

고독 속으로 들어가면 밤하늘의 별보다도 많은 상상의 씨앗들이 발아를 꿈꾸며 기다리고 있다. 내가 어떤 말을 건네느냐에 따라서 새가 되고 풀잎이 되고 산이 되고 물소리가 된다. 길이 되고 불빛이 되어 환하게 나의 영혼을 비춰준다.

마침내 고독은 나의 친구이며 후원자이며 나 자신이다.

생명의 노래

밤사이에 눈이 내렸다. 한 뼘이나 되는 폭설이 내려서 온 세상을 하얗게 덮어버렸다. 그렇지 않아도 여름날 그렇게 푸르던 들풀이며 나뭇잎들이 모두 사라져 삭막하였는데 그나마도 눈으로 덮어 적막하기 그지없다. 움직임이라곤 앉을 곳조차 빼앗기고 하늘을 가로질러 날아가는 몇 마리 새들뿐이었다. 너무 많은 눈이 쌓여 눈을 치울 엄두도 내지 못하고 나는 뜨거운 차를 마시면서 그냥 눈이 가져다준 적막에 등을 기대고 앉았다. 해는 솟아올라 하늘 가운데에 이르렀지만 워낙 차가운 날씨라 눈은 전혀 녹을 기미를 보이지 않았다.

창 밖을 내다보고 있자니 눈을 잔뜩 뒤집어쓰고 있는 매화나무가 먼저 눈에 들어왔다. 그제 본 매화 꽃눈이 떠올랐기 때문이다. 소한小寒이 지난 매서운 추위를 어떻게 견디었는지 매화 꽃봉오리가 봉긋이 커 가는 모습을 보면서 눈을 떼지 못한 기억이 되살아나서다. 영하 10도가 넘는 추위라면 겹겹이 보온장치를 해도 얼기가 쉬운데 마치 실눈을 뜬 듯 싱그러운 모습에 놀라지 않을 수 없었다.

눈에 파묻힌 가지들 속에서도 유독 꽃봉오리 부분은 허공으로 드러나 특유의 연두색 꽃받침을 드러내고 있었다. 하나, 둘, 셋, 모든 꽃봉오리들이 일제히 자기만의 소임에 열중하고 있었다. 어느 하나도 눈이니 영하의 추위니 하는 문제들과 씨름을 하고 있지 않았다.

자신만의 발언을 준비하고 있었다.

참으로 놀라운 모습이 아닌가. 그것은 분명 생명을 통해서 자연이 보여준 위대한 연출력이었다.

세상에서 가장 흔하면서도 가장 귀한 생명, 그것은 자연이 내린 축복이다. 어디에도 모습을 보이지 않고 있다가 이른 봄날이 되면 온 들판을 푸르게 수놓는 들풀의 생명력을 보라. 뽑아내고 베어내어도 금세 그 자리를 메워버리는 왕성한 탄생을 보라. 저마다 다른 옷을 입고 저마다 눈에 띄는 화장법으로 꽃을 피우고 씨앗을 만들어 기나긴 겨울을 대비하는 과정은 마치 계산된 연출이라고 해도 손색이 없다.

그렇다. 생명은 불보다 뜨겁고 생명은 얼음보다 차갑다. 어쩌면 그것은 공기보다 가볍고 무쇠보다 무겁다. 때로는 찰나에도 못 미칠 만큼 짧고 때로는 지겹도록 길다.

나는 눈에 빠져 발이 얼어붙는 줄도 모르고 그 꽃봉오리들을 하나하나 들여다 보았다. 아무리 보아도 생명은 눈에 보이지 않았다.

아무리 끄집어내려고 해도 생명은 그러나 손에 잡히지 않았다. '보면 볼수록 신기하기만 한 저 생명은 대체 어디에 숨어 있단 말인가'

저 차가운 눈 속에서 자신에게 주어진 생명을 지켜내는 매화의 꽃봉오리를 보노라면 나는 내게 주어진 생명을 온전히 잘 지켜내고 있는지 의문이 들었다. 기적이나 다를 바 없는 확률로 내 몸에 와서 지금껏 함께 동거하고 있는 내 소중한 생명, 그 생명을 나는 얼마나 고맙게 받들어 왔던가.

따지고 보면 내 몸은 생명의 집이다. 더러는 티격태격, 집을 나무라기도 하고 더러는 세입자를 탓하기도 하는 동거의 모습이다. 하지만 한 순간도 서로를 의지하지 않으면 안 되는 동거이다. 돌이켜 보면 손가락에 가시 하나만 찔려도 온 몸이 뒤틀릴 정도로 아픈데 정작 육체의 엔진인 생명의 안위는 제대로 한번 살펴보지도 않았던 것 같다.

나는 이따금 많은 사람들 앞에서 '자신에게 가장 소중한 것 한 가지를 말해보라' 고 질문을 던져보는데 대개는 '생명' 이라고 대답하였다. 돈 십억 원과 자신의 생명 가운데 하나를 선택하라면 하나같이 '생명' 이라고 말하였다. 너무나 당연한 대답이다. 생명을 버리고 나면 돈이 백 억인들 무슨 소용이 있겠는가.

나는 그때 또 다른 질문하나를 슬쩍 보탠다.

"십억과도 바꿀 수 없는 생명을 여러분들은 얼마를 주고 사셨습니까?"

"공짜로 받았어요."

"공짜로요, 누가 주셨어요?"

"부모님요 …"

그렇다. 우리는 아무리 많은 돈으로도 바꿀 수 없는 생명을 부모로부터 공짜로 선물 받았다. 그야말로 횡재를 한 것이다. 십 억도 넘고 백 억도 넘는 생명을 돈 한 푼 주지 않고 공짜로 받았으니 세상에 그런 횡재가 또 어디 있겠는가. 그런데도 우리는 우리의 생명이 그렇게 귀한 줄을 모르고 지나기가 일쑤다. 사실 생명과 같이 세상에서 정말로 귀한 것은 대개가 공짜다. 물이 그렇고 공기가 그렇고 햇빛이 그렇다. 이들은 모두가 생명을 이어주는 것들이다. 생명도 닦고 기름칠을 하듯 소중하게 갈물어야 오래도록 함께 동거할 수가 있다.

지금도 꽃봉오리 속 뜨거운 생명 하나가 눈덩이를 끌어안고 있다. 칼날같이 매서운 겨울바람을 감싸 안고 있다. 햇살도, 구름도, 스치는 나뭇가지도 하나같이 감싸 안고 있다. 그 모두가 사랑임을 알기 때문이다.

젊은 시절에는 부드러운 손길과 달콤한 말만이 사랑인줄 알았다.

부슬부슬 내리는 봄비와 따스한 햇살만이 사랑인줄 알았다. 왜

밝은 햇살이 그늘과 함께 오는지 알지 못했다. 그 뒤로 많은 시간 동안 엎어지고 넘어지며 헛발질로 보낸 뒤에야 천둥도 비바람도 사랑이라는 것을 알 수 있었다. 봄바람과 가을바람이 다 같은 사랑의 한 몸짓이라는 것을 알기까지는 많은 시간이 필요했다. 생명 그 자체만으로도 크나큰 행운인 줄을 알기까지는 더 많은 시간이 필요하였다.

이제 봄이 오면 이 매화나무가 향기로운 꽃을 피우고 튼실한 열매를 맺을 것이다. 그리고는 그 힘겹게 지켜온 씨앗을 땅바닥에 내동댕이칠 것이다. 새로운 생명을 얻기 위해서는 땅바닥에 떨어뜨리지 않으면 안 될 것이다. 죽음을 각오한 도전을 감행할 것이다. 죽음에 기댄 이 엄청난 결단을 우리는 과감果敢이라고 했던가. 그렇게 생명의 노래는 영원할 것이다.

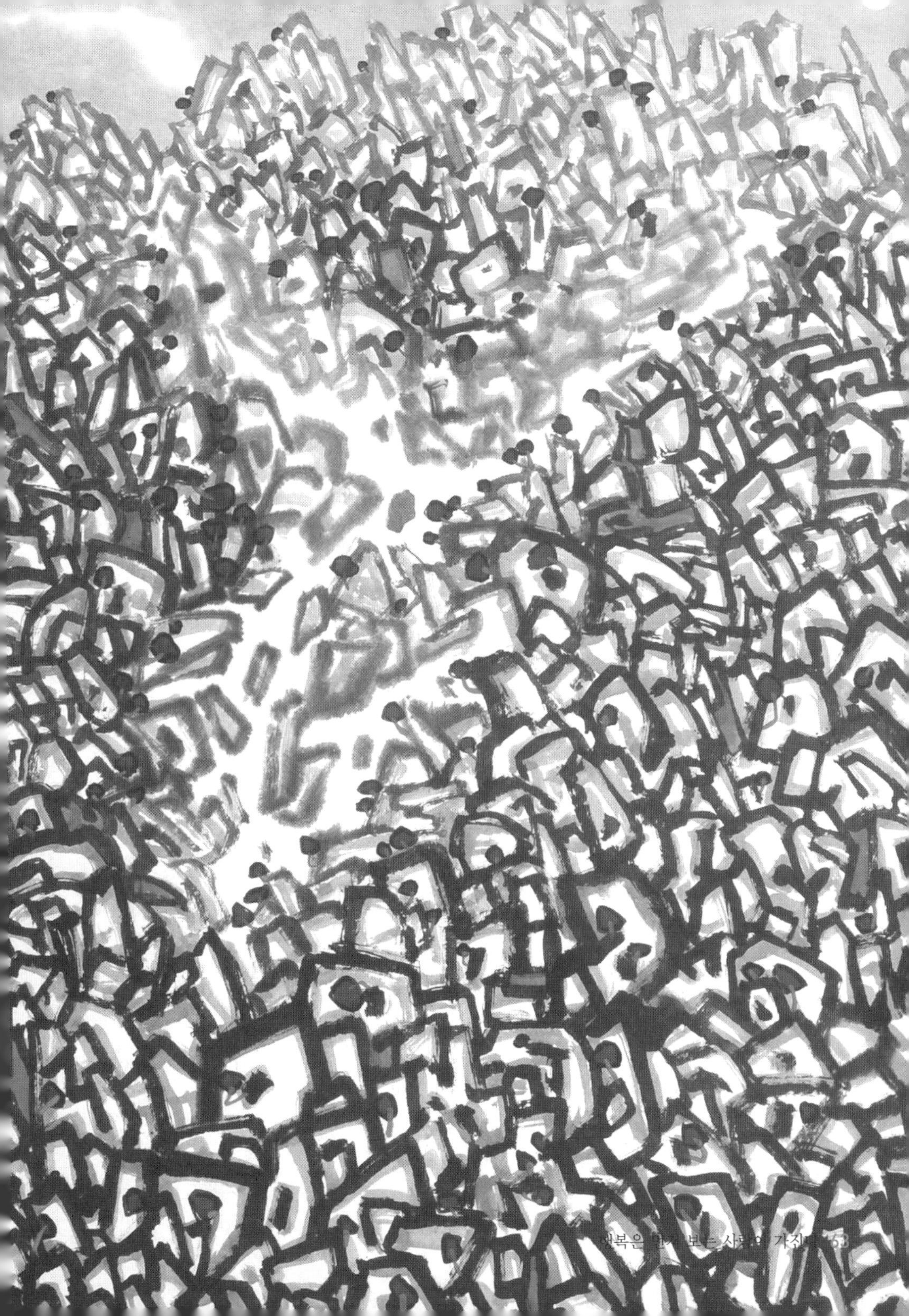

순간과 영원의 선택

생각해보면 우리네 삶은 선택의 연속이다. 어떤 선택을 하느냐에 따라서 그 도달점 또한 너무나도 판이하게 다르다. 처음 출발할 때는 대수롭지 않게 여길지라도 오래 진행되면 될수록 도착지는 서로 멀어진다. 하물며 지름길이 없이 끝없는 마라톤의 연속인 긴 삶의 여정이라면 각도를 1도만 달리해도 종착지는 서로가 알지도 못하는 곳에서 끝나게 되어 있다.

물론 숙명적으로 어느 쪽을 선택하느냐가 삶의 행복과 직결되는 것은 아니다. 어느 쪽이든 몇 번의 고비는 있을 터이고 몇 차례의 조절 또한 있을 것이다.

눈앞의 편한 길을 택한다면 당장은 편하겠지만 보이지 않던 장애물로 고초를 겪기 마련이다. 미처 장애물에 대한 대비가 없었기 때문이다 그와는 반대로 눈앞의 어려운 길을 택하였을 때 오히려 더 쉽게 목적지까지 갈 수도 있다. 처음부터 장애물에 대한 대비를 하고 나섰기 때문이다.

여기 한 움큼의 해바라기 씨앗이 있다고 가정해보자. 당장 눈앞에 닥친 허기를 생각하면 그 해바라기 씨를 까먹는 것이 좋을 것이고 먼 뒷날을 생각하면 해바라기 씨를 땅 속에 묻는 것이 현명한 일이다. 이 때 어느 쪽을 택하는가 하는 것이 바로 삶의 경영하는 자세일 것이다.

살아가는 동안 끊임없이 액셀러레이터를 밟아야할 때가 있다. 마찬가지로 브레이크를 밟아야 할 때도 있다. 액셀러레이터를 밟아야 할 때 브레이크를 밟으면 차는 전진하지 못하고 서게 된다. 그나마 다행한 일이지만 브레이크를 밟아야할 때 액셀러레이터를 밟는다면 사고는 불을 보듯 뻔하다.

그런데 삶의 일상에서는 곧잘 브레이크를 잊어버리는 수가 허다하다. 아예 브레이크가 없이 내달리는 사람들도 적지 않다. 속도가 빠를수록 브레이크의 성능 또한 그만큼 좋아야 한다. 다른 것은 몰라도 브레이크만큼은 항상 손을 보아두어야 한다.

살아가면서 항상 부딪치는 선택의 갈등 중에는 순간을 택할 것인가, 아니면 실상적으로는 성립하기 어려운 말이지만 영원을 택할 것인가에 대해 고민할 때가 많다. 순간을 택한다는 것은 다분히 감각적이고 쾌락적인 육체의 편을 드는 일일테고 영원을 택한다는 것은 본질적이고 통시적인 정신의 편에 선다는 의미일 것이다.

우리는 전통적으로 내일의 가치를 위하여 오늘을 절제할 수 있는 삶의 지혜를 요구받아왔었다. 그래서 '일시를 참으면 백 날이 편하다' 는 속담을 가슴 깊이 새기며 순간적인 유혹을 차단시켜 왔다.

'한번 흘러간 물은 다시 오지 않는다' 는 격언이 있다. 같은 물에 두 번 손 씻을 수 없고 같은 물에 두 번 발 담글 수가 없다. 따라서 '같은 시간' 과 '같은 물' 이란 물리적으로 성립되지 않는 말이다.

물론 오늘도 결국은 내일의 어제일 뿐 다시 오지 않는다는 시간의 소중함을 일깨우는 말이다. 과거에 묶이면 앞으로 나아갈 수가 없고 미래만 보고 달리면 넘어지기가 쉽다. 그러기에 시간은 희망인 동시에 시간은 또한 폭력이기도 하다.

중요한 것은 바로 오늘 이 순간에도 끊임없이 선택을 강요받고 있다는 점이다. 되도록 순간적인 감정에 쏠리지 않고 기나긴 시간의 흐름 위에서 선택해야 한다는 점이다. 그리하여 하루하루 최선을 다했다면 결코 지난날이 부끄럽지 않을 것이다.

세상에는 두 종류의 사람들이 있다. 과거 지향적인 사람과 미래 지향적인 사람이 그것이다.

지난날을 먼저 생각하는 사람에게 오늘은 내 생애의 가장 늙은 나이일 것이고 다가올 날을 먼저 기다리는 사람에게 오늘은 내 생애 중 가장 젊은 날일 것이다.

나도 **누군가**에게
짐이 아닌지

02

고마운 짐 — 고향은 언제나 — 빛과 어둠에 대하여 — 대기만성 — 어머니의 힘 — 안드레아 보첼리의 목소리 — 잠 못 이루는 밤에 — 가슴으로 살아가기 — 무소유 — 결혼은 최후의 선택 — 꿈이 없으면 청년이 아니다 — 흔들리는 갈대처럼 — 외로운 날에는 서라벌로 가라 — 낙엽을 읽으며

고마운 짐

어느 해 여름, 중국 황산을 오를 때의 일이다. 산의 초입에 들어서자 현지 주민들로 보이는 건장한 장정들이 우르르 몰려들었다. 더러는 짐을 맡겨줄 것을 애원하였고 더러는 들것을 타고 갈 것을 권하였다. 어쩌다 흥정이 잘 이루어진 한 두 사람에게는 짐이 돌아갔고 그렇지 못한 사람들은 못내 아쉬운 표정이 되어 몸을 웅크리고 다음 이용객을 기다렸다.

나는 순간적으로 '아, 지고 갈 짐이 있다는 게 저토록 행복한 일이구나' 하는 생각을 하게 되었다. 한 여름의 폭염 속에서 3천 미터에 이르는 바위산을 오르는 수고에 비하면 그들이 받는 대가는 결코 만족할만한 것이 못되었다. 하지만 마치 횡재나 한 듯이 만족해하는 까닭은 다름 아닌 무거운 짐을 질 수 있게 된 때문이었다. 되도록 짐을 피하고 될 수 있는 한 짐을 줄이고자한 나 자신이 슬그머니 미안해졌다.

그렇다. 인간은 누구나 저마다의 짐을 지니고 있다. 때로는 힘겹게 지고 가야하는 짐도 있을 것이고 목숨보다 소중하게 지켜야 하는 짐도 있을 것이다. 또 더러는 아깝더라도 버릴 수밖에 없는 짐도 있을 것이다. 지고 가야할 짐과 버리고 가야할 짐을 구분하지 못하면 낭패를 보기가 십상이다.

자고 나면 만나는 조국이라는 이름의 영토와 민족, 그리고 그 속에서 서로를 의지하는 가족이며 사회공동체간의 사랑은 죽을 때까지 짊어지고 가야할 짐이다. 반면에 명예욕이나 권위의식, 성공에 대한 강박관념 같은 것은 버려야 할 짐이다. 아마도 지고 가야 할 짐은 스스로 짊어진 짐일 것이고 버리고 가야할 짐은 남으로부터 지워진 짐일 것이다.

어쩌면 짐은 인간만이 스스로 지고 있는 창조적 의무에 해당될는

지도 모른다. 인간에게 있어서 다른 생명체와 비교되는 장점이 있다면 그것은 스스로 고통을 창조해낸다는 점일 것이다.

언젠가 텔레비전에서 두 팔을 잃은 할머니가 발로 바느질을 하는 모습을 본 적이 있다. 손가락으로도 꺼려하는 바느질을 발가락으로 해내기까지 얼마나 좌절하고 얼마나 그 좌절과 사투를 벌였겠는가.

하지만 이 경우는 그래도 두 팔을 잃어버린 가혹한 운명의 짐을 거뜬히 지고 일어선 경우일 것이다.

고난이라는 짐은 피하는 것이 아니라 딛고 일어서라고 존재하는 것인지도 모른다. 듣지 못하고 말하지 못하는 짐을 극복한 한국화가 운보 김기창의 경우는 또 어떤가. 어릴 적 뜻하지 않은 열병으로부터 세상의 모든 소리들을 빼앗기고 그 소리들의 세상과 하나 되기란 얼마나 큰 시련이었겠는가. 오로지 자신이 처한 현실을 피하지 않고 이겨내기 위한 방법을 찾아내기에 골몰하였을 세월이 눈앞에 선하게 다가온다.

어찌 그뿐이랴. 자유를 빼앗기고 인신마저 구속당한 식민지라는 조국의 짐을 벗어나려 목숨을 건 거사에 뛰어든 안중근 의사는 또 어떤가. 굳이 자신이 감당하지 않아도 될 짐을 스스로 조국과 민족의 이름으로 짊어지고 간 가장 적극적인 경우라 할 것이다.

생각해보면 어릴 적부터 내 등에도 큰짐이 지워져 있었던 것 같다. 그러나 아무 것도 가진 것 없이 찢어지게 가난한 그 짐스러운 환경이 나로 하여금 세상을 정직하게 살게 하였던 것인지도 모른다. 역설적인 표현인지 모르겠지만 아마도 어릴 적 내게 가장 큰 힘은 가난이었을 것이다.

배가 고팠기 때문에 참는 법도 배웠고 배가 고팠기 때문에 먹을 것을 구하는 방법에도 보다 적극적이었다. 아마 처음으로 지게를 져 본 때가 여덟 살쯤이었던 같다. 산나물을 캐고 나무를 해서 읍내 장날을 기다려 내다 팔아보기도 했었다. 지금까지 힘겨운 일을 피하기보다 적극적으로 해결하고자 애를 쓰는 자세도 아마도 그 어린 시절 가난이 준 선물이 아니었나 생각된다.

그 삶의 영역과 한계가 내가 감당할 수 있는 힘의 범위를 알게 하였고 남의 고통을 이해하려는 자세를 가르쳐 주었을지도 모른다. 하지만 내가 가진 것이 내게 짐이라는 것을 알기까지는 오랜 시간이 필요하였다.

지고 갈 짐을 허락해준 것에 대해 감사할 줄 알아야 한다고 다짐하다가 문득 또 다른 한 생각과 만난다. '나도 누군가에게 짐이 아닌지?'

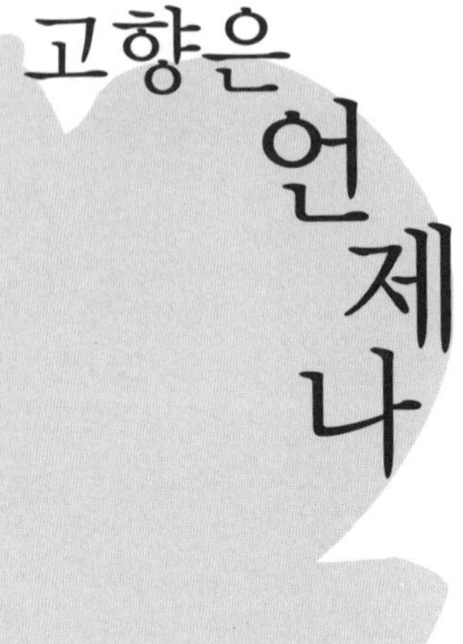

고향은 언제나

고향, 그 앞에는 시냇물이 흘러야 하고 몇 그루의 노송과 정자가 놓여야 한다. 돌담을 휘감은 호박넝쿨에는 누런 호박이 뒹굴어야 하고 갈 길 바쁜 햇살이 잠시 그 위에 내려앉아 허벅허벅 살을 찌우고 있어야 한다. 모락모락 밥 짓는 연기가 피어올라야 하고 컹컹컹 개 짖는 소리 들려야 한다. 저자거리엔 낮술 취한 사람도 한둘은 있어야 하고 욕지거리가 섞인 사투리가 아무데서나 툭툭 튀어나와야 한다.

중국의 고전, 장자莊子에는 '무하유지향無何有之鄕' 이라는 대목이 여러 번 나온다. 문자 그대로 해석하면 '있는 것이 아무 것도 없는 시골' 이란 뜻인데 장자가 생각하는 무위자연의 이상향을 일컫는다.

이를테면 삶과 죽음이 없고 시비가 없고 지식도 없으며 마음의 분별도 없고 하는 것도 하지 않는 것도 없이 평화로운 곳으로 무위자연의 실천에서만 가능한 별천지이다.

불교에서는 이러한 이상향을 극락極樂이라고 부르며 기독교에서는 천당天堂(Heaven)이라고 한다. 서양에서 일반적으로 말하는 유토피아(Utopia) 또한 다르지 않을 것이다. 역사 이전부터 세상의 모든 인간들이 한결 같이 좇아 왔으되 아직도 그 소재를 알 수 없는, 그야말로 우주 어느 곳에도 없지만 언젠가는 우리가 도달해야 할 가장 높은 안식처이리라.

하지만 현실적으로는 '고향' 과 '촌' 은 같은 의미로 통한다. 그리고 그 '촌' 의 의미 속에는 상대적으로 격을 낮게 여기는 마음이 깔려 있다.

어릴 때 기억을 더듬어보면 나 역시도 촌스럽다는 말이 가장 듣기 거북했던 것 같다. 어딘가 세련되지 못하고 본 바가 적어서 단체활동에 적응하기가 서툴렀기 때문에 얕잡아보거나 업신여기는 말투

였기 때문이었다. 자연히 조금 더 도회지의 흉내에 익숙해진 아이들의 복장이나 말투를 흉내내고 자신의 습관을 털어 내려고 애를 썼던 기억이 여러 번이었다.

드문드문 흩어진 다섯 채의 초가지붕과 두 채의 슬레이트 지붕이 돌아누운 내 고향마을은, 그러나 지금은 몇 마리의 살찐 개들만 매여 있을 뿐 아무도 살고 있지 않았다. 지금은 시골 공기가 좋다느니 채마밭 먹을거리가 어떠니 하면서 간혹은 역류를 꿈꾸기도 하지만 내가 어릴 적만 해도 그저 살림살이가 조금만 나아지는가 싶으면 하나 둘 산으로부터 멀어지는 것이 최우선 과제였다. 끼니를 해결하기 어려울 때는 하나도 불편하지 않던 것들이 불편해지기 시작했기 때문이다.

사라호 태풍이 강타하였을 때 한 밤중에 식구들 전부가 맨몸으로 피신을 가기는 했으나 그야말로 조상 대대로 살아온 목숨을 의지하였던 곳이 아닌가. 내가 태어나고 자랐던 집도 이미 몇 번 남의 손에 넘어가 추억 어린 모습은 찾아볼 수가 없다. 집들과 담장이 자꾸만 도시화되고 사람들의 마음도 윤기를 잃어버렸다. 황톳길이 시멘트 길로 바뀌고 나지막한 산들도 꺾이고 패여 군데군데 상처를 드러내고 있다.

우리들에게 근대화의 실천적 전기를 제공해 주었던 '새마을 운동' 은 분명 많은 빵을 가져다 주었다. 찌든 가난에서 벗어나게 했고 생활 또한 많이 편리해졌다. 그러나 세상이치가 하나를 잡으면 하나를 놓아야하듯이 이 새마을 운동이 우리들의 고향마저도 흑백사진 속으로 몰아내어 버렸던 것이다. 비뚤비뚤한 담과 박꽃 핀 초가지

붕, 가마니틀, 마을을 지키던 장승 등, 촌티 나는 것들은 무엇이든 몰아내지 않으면 안 되는 대상이었다. 아마도 오래도록 봐와서 지겹고 갑작스럽게 밀려들어오는 서양문명의 위세에 위축이 된 때문이었으리라.

문제는 획일성에 있었던 게 아니었나 싶다. 까치는 높은 나무 위에 집을 지어야 안전하고 거미는 허공에다 집을 지어야 안전하다. 두더지는 땅 속에 집을 지어야 하고 물고기는 물 속에 집을 지어야 안전하다. 자연 환경이나 오랜 삶의 습속을 저버린 채 너도나도 똑같이 따라 하다 보니 원래 자연이 만들어준 차별성마저도 깡그리 묻어버린 것이다.

자연은 스스로 자정능력을 갖추고 있다. 자연이 편한 본디의 모습으로 곧장 돌아가기 마련이다. 무릇 세상의 모든 생명체들은 자연에 순응하지 않으면 안 된다. 사람 또한 그 자연에 잇대어서 삶을 부여받고 있는 생명이다. 인위적으로 자연의 질서를 거스른다면 잠시는 버틸지 모르지만 이내 자연은 본디의 모습으로 돌아가기 마련이다.

고향에는 언제나 달이 떠 있어야 한다. 닦아도 닦아내어도 닳아 없어지지 않는 달이 솟아 있어야 한다. 고향에는 연분홍 살구꽃이 바람에 하늘거려야 하고 청보리 물결이 넘실거리고 있어야 한다. 고향에는 뻐꾹새가 울어야 하고 어미 찾는 송아지가 목이 터져라 울고 있어야 한다. 고향에는 읍내 장에 나물 내다 팔고 어머니가 지친 몸을 끌고 돌아오던 신작로가 있어야 하고 갈치 비린내를 풍기며 달려가는 자전거도 보여야 한다.

고향은 떠나가는 사람을 붙잡지도 않지만 돌아오는 사람 역시 막지도 않는다. 마음이 고달프고 삶이 힘겹다고 여겨질 때는 누구나 고향으로 가라. 고향은 아직도 가난하고 허탈하게 돌아오는 모두에게 편안한 자리를 내어줄 것이다. 그곳은 언제나 어머니가 기다리니까.

빛과 어둠에 대하여

그토록 눈부시던 태양이 서산 너머로 넘어가는가 싶더니 어김없이 어둠이 찾아온다. 해는 지면서 아무런 의심 없던 풀꽃들의 흔들림이며 야윈 강물의 지줄거림도 함께 가져가 버리고 이내 사방이 암흑으로 변해버린다. 나는 다만 늘 길들여져 온대로 전기 스위치를 올리고 내 눈에서 사라진 들판도 산도 함께 잊는다. 지금부터는 어둠의 시간, 어둠과 친해지기 위하여 나도 내 마음의 색깔을 닦아내어야 할 뿐이다.

그렇다. 세상의 절반은 빛이요, 나머지 절반은 어둠이다. 그런데도 사람들은 모두 빛을 원한다. 세상일의 절반은 긍정이요, 나머지는 부정이다. 그런데도 사람들은 모두 긍정만을 원한다. 세상 결과의 절반은 기쁨이요, 세상 결과의 나머지는 슬픔이다. 그런데도 사람들은 모두 기쁨만을 원한다.

중요한 것은 빛이나 긍정이나 기쁨 자체에 있는 것이 아니라 어둠과 부정과 슬픔을 이겨내는 자세에 있다. 빛과 어둠은 결코 두 개가 아니다. 영원한 공존의 다른 모습일 따름이다. 문제는 이분법적 안목으로 구분하려는 태도에 있다.

세상 어디에도 절대적인 것은 없다. 상대적으로 헤아리고 대처하면 된다. 캄캄한 밤중, 방향을 놓쳐 좌초위기에 몰린 배에게는 등대가 필요하다. 길을 잃은 사람에게는 이정표가 필요할 것이고 죽어버리고 싶을 만큼 삶이 괴로울 때는 한 잔의 소주도 쓸모가 있다. '구슬이 서말이라도 꿰어야 보배' 라고 했던가. 구슬을 꿰기 위해서는 실이 필요하다.

배신으로 상처받은 가슴에는 한 마디의 따스한 위로가 필요할 것이며 은혜를 감사하는 자리에는 한 송이의 카네이션이 필요할 것이다. 때늦은 귀가 길에는 한 개의 버스 토큰이 요긴하며 강을 건너고자 하는 사람에게는 나룻배가 제격이다.

어느 것이 빛이고 어느 것이 그림자라도 관계없다. 빛이 있으면 반드시 그림자가 있게 마련이듯 무릇 세상의 모든 이치 또한 매냥 한 가지로만 오로지 할 수는 없다.

프랑스 사람들이 가장 자랑스럽게 받드는 단어 가운데 똘레랑스라는 말이 있다고 한다. '참다, 견디다, 인내하다, 베풀다' 라는 뜻으로 라틴어에서 나온 말인데 그네들은 곧잘 그들이 이룩한 문화예술과 사상의 기저로 꼽기도 한다고 읽은 기억이 난다.

여기서 말하는 똘레랑스는 상호보완이나 적당한 타협을 통한 인내를 말하는 것이 아니다. 상대의 조건이 일방적이거나 억지라 할지라도, 그리하여 비록 내가 일방적인 불이익을 당한다 할지라도 참는다는 의미이다. 오로지 나의 입장을 완전히 버리고 상대방의 입장만을 존중하는 견딤인 것이다. 사실 그것은 쉽게 행하기 어려운 일이다. 어쩌면 종교적인 차원이거나 초월적인 삶의 자세가 아니면 불가능하다.

'필리프 사시에' 라고 하는 한 사회학자가 쓴 〈왜 똘레랑스인가〉 라는 책이 많은 독자들로부터 관심을 끌고 있다는 것은 아마도 우리 사회의 이에 대한 아쉬움 때문이 아닌가 싶다.

세상을 경악케 했던 대구 지하철역 방화참사 사건만 하더라도 바로 이 똘레랑스의 부족이 원인이 아닌가. 자신이 감내해야 하는 부담을 견뎌내지 못하고 그것을 불신과 원망으로 받아들인 결과치고는 너무도 어이없는 사건이었다.

참는 것이 약이고 지는 것이 곧 이기는 것이라고 했다. 그렇다. 어차피 세상에는 절반의 어둠과 절반의 빛이 공존하는 것이다. 어둠은 모두가 싫어하지만 그러나 어둠 또한 우주의 자정이라는 질서를 유지하는데 절대적인 요소임에 틀림이 없다. 모두가 빛을 좋아하지만 실제로 햇빛만이 지속되는 세상에서는 살아남는 것조차 불가능한 것이 현실이다. 참고 기다린다면 해결될 일이지만 조금 더 빨리 얻고자하는 욕망이라는 병이 문제일 뿐이다.

그 어떤 명의名醫라도 단번에 치유할 약이 없는 이 피해의식이라는 병명의 고질은, 그러나 참고 기다리면 완쾌가 가능하다.

빛은 일어남이요 어둠은 앉음이다. 빛은 생장이요 어둠은 정지이다. 빛은 나아감이요 어둠은 물러남이다. 빛은 움직임이요 어둠은 휴식이다. 빛과 어둠은 동정의 양면과 같다. 앉거나 정지하거나 물러나거나 휴식하지 않으면 일어남도 생장도 나아감도 움직임도 없다.

어둠을 지나가지 않으면 그 어떤 생명체도 성장할 수 없고 빛을 받아들이지 않으면 꽃을 피울 수 없다. 빛은 사물의 높이를 조절해 주고 어둠은 사물의 깊이를 조절해 준다.

어둠은 빛을 드러나게 하고 빛은 어둠을 깊게 해준다. 똑 같은 100와트 밝기의 빛일지라도 낮에 보이는 밝기와 밤에 보이는 밝기는 전혀 다른 모습이다. 빛과 어둠은 서로에게 기대고 있기 때문이다.

대기만성

大器晚成

곡식의 양을 재는 도구에는 여러 가지가 있다. 그 중에서 제일 작은 단위를 홉(合)이라고 하고 그 홉의 열 개 분량을 되(升)라고 하는데 약 2리터 정도의 분량이다.

또 그 되를 열 개 합치면 말(斗)이 되는데 18리터 정도의 분량이 되며 이 말을 열 개 합치면 석(石), 혹은 섬이 된다. 이 석이 가장 큰 단위였기 때문에 우리는 흔히 천석꾼이니 만석꾼이니 하고 부르기도 한다.

하나의 홉에 두 홉 분량의 곡식을 부으면 절반은 그릇 밖으로 넘쳐흐르기 마련이다. 마찬가지로 하나의 말통에 두 말 분량의 곡식을 부으면 역시 한 말 정도는 넘쳐 흐르기 마련이다. 모두가 제가 가진 그릇의 크기 만큼씩만 담기 마련이다.

그와는 반대로 한 홉 짜리 그릇에는 금세 가득 차게 되지만 한 말 짜리 그릇이라면 한 홉의 백 배는 있어야 가득 차게 된다. 하물며 그 그릇이 섬이라면 얼마나 많은 곡식이 채워져야 가득할 것인가. 홉으로 섬을 채운다는 것은 단지 인내가 필요한 일이지만 섬을 홉으로 잰다는 것은 어리석은 일이다.

홉에게는 홉이 감당할 일이 있고 말에게는 말이 맡은 일이 있다. 홉은 홉의 자리에서 빛이 나고 섬은 섬의 자리에 있을 때라야 세상은 든든하고 평온하게 된다.

사람의 경우도 다르지 않다. 홉에다 되 곡식을 부어넣으면 넘치는 소리가 요란하고 말에다 섬 곡식을 부어도 마찬가지다. 홉은 홉의 위치에, 말은 말의 위치에 있어야 자기에게 주어진 분수를 잘 소화할 수 있다. 모두가 제각기 있어야 할 자리가 있는 것이다.

우리는 흔히 대기만성大器晩成이라는 말을 쓴다. 직역을 하면 큰

그릇은 늦게 이루어진다는 뜻이지만 그와는 별도로 큰그릇은 뒤늦게 채워진다는 뜻으로 사용되는 말이다.

이 사자성어의 출전은 여러 곳에서 볼 수 있으나 『후한서』 마원전에는 이런 얘기가 남아 있다. 중국 후한을 일으킨 광무제 때 부풍무릉에 마원馬援이라고 하는 장군이 있었다. 처음에는 전한을 빼앗아 신新이라는 나라를 세운 왕망에게 충성을 바쳤으나 그가 죽고 나자 후한의 광무제에게 귀속되어 공을 세웠으므로 복파장군에 임명되었다.

마원이 63세의 나이로 지방관리가 되어 부임하기에 앞서 형인 황에게 인사를 하기 위해 찾아가자 형은 이렇게 위로하였다.

"자네는 대기만성형이야. 솜씨 좋은 목수는 아무리 산에서 막 베어낸 거친 원목일지라도 시간과 노력을 들여 끝내 자기가 원하는 물건을 만들어 내는 법이란다. 자네도 자네의 특성을 잘 살려서 시간을 들이면 장차 큰 인물이 될 것이다. 부디 자중해서 처신을 하거라."

마원은 후에 인도지나 등지의 반란을 평정하고 각지에 후한의 위광이 미친 표적의 구리 기둥을 세우기도 하였다. 만년에 흉노의 오환을 정벌하기 위해 출정했으나 광무제의 건무 25년, 불행히도 진중에서 죽음을 맞게 되었으나 형의 충고를 자기 계발의 발판으로 삼아 역사적인 인물로 남게 되었다.

우리는 언제부터인가 제 그릇의 크기를 저버리기 시작하였다. 되는 말이라고 우기고 말은 또 섬이라고 우기기 시작하였다. 말은 되를 우습게 생각하였고 되는 홉을 모자라는 그릇이라고 생각하게 되었다. 홉은 홉에게 주어진 역할을 외면하였고 섬은 말 곡식만 채우고도 자신의 빈 부분을 채우려 들지 않았다.

우겨서 될 일이 있고 아무리 우겨도 안 되는 것은 안 된다. 옛말에 좋은 어부는 새끼고기를 놓아주고 서투른 어부는 새끼고기부터 잡는다고 하였다. 또 옳은 장사꾼은 신용을 덤으로 얹어 팔고 서투른 장사꾼은 눈웃음을 덤으로 얹어 판다고도 하였다.

빈 자루를 지고 다녀야 많은 물건을 담아올 수가 있다. 물건을 가득 실은 자루는 종일을 끌고 다녀도 담기는 것이 없다.

작은 그릇은 금방 채워진다. 금방 채워졌다는 것은 그만큼 그릇이 작았다는 반증이다. 아주 사소하고 작은 일에 들떠본 사람이라면 한 번쯤 자신의 그릇을 헤아려 볼 일이다.

어머니의 힘

언제 가을이 우리 곁을 떠났나 싶은데 그예 겨울이다. 기다렸다는 듯 겨울은 오고 강물도 이내 꽁꽁 얼어버렸다. 게다가 지난밤에는 눈마저 흩뿌린 모양이다. 나는 화실 창문 너머로 펼쳐진 강변의 새로운 변화를 가까이서 감상해볼 요량으로 강변으로 향했다.

마치 굵은 소금을 뿌린 듯 눈마저 허옇게 덮인 겨울 강을 대하노라면 자꾸만 어린 시절 얼음을 깨고 빨래하던 어머니의 모습이 떠오른다. 어떤 핑계든지 한 끼씩은 건너야 했고 돌아서면 배가 고프던 그 시절, 아무데도 기댈 곳 없던 겨울은 왜 그리도 추웠던지.

시어른에 어린 자식 여섯 남매까지 열 식구가 내놓는 빨래가 얼마나 많았던지 어머니는 줄잡아 사흘에 한 번 꼴로 얼음을 깨고 빨래를 하셨던 것 같다. 나무 방망이로 툭툭 두들겨 두꺼운 얼음을 깨고 작은 멍석만한 구멍이 생기면 빨래를 얼음물에 담그기 시작하였다. 손은 금세 얼어 벌겋게 굳어가도 비누 없이 애벌은 헹구어야 잠시 쪼그려 앉았다. 그리고는 허벅지 밑에 손을 넣어 잠시 굳은 손가락을 펴곤 하셨다. 비누를 칠하여 빨고 다시 헹구기를 반복하다보면 몇 시간이 흘렀던 것 같았다.

내가 초등학교에 갓 들어갔을 무렵이었을까 한번은 어머니의 만류에도 불구하고 나는 굳이 빨래 길을 따라나선 적이 있었다. 예사롭게 얼음물에 손을 넣고 빨래를 헹구는 모습을 보고 나도 손을 한번 넣었다가 손가락이 잘려나가는 듯한 고통에 비명을 지르며 집으로 내달리고 말았다. 그렇게까지 차갑고 시린 줄은 미처 생각하지 못했었다.

그때는 다만 어머니는 어른이니까 손이 덜 시린 줄 알았다. 어머니가 나처럼 저리고 아팠다면 그 오랜 시간 도저히 언 물에 빨래를 하지 못하였을 테니까 말이다. 그런데 내가 아무리 자라고 어른이

되어도 언 강물은 그 때의 그 차가움과 손목을 끊어낼 듯한 고통과 다르지 않았다. 내가 어머니에겐 얼음물도 차갑지 않을 거라는 생각을 바꾸기까지는 참으로 오랜 시간이 필요하였던 것 같다.

지금은 곁에 계시지 않으니 물어볼 수도 없고 나는 어머니가 하던 것처럼 얼음을 깨고 깊숙이 얼음물에 손을 넣었다. 그런데 놀랍게도 얼음물이 조금은 따스하게 느껴졌다. 아마도 어머니에 대한 그리움과 속죄의 마음이 나의 통각을 잠시 동안 마비시켜 주었는지도 모르겠다.

누가 '여자는 약해도 어머니는 강하다'고 했던가. 내 어릴 적 기억 속의 어머니는 자그마한 키에 50Kg을 넘지 않은 몸무게에 자주 병원에 실려 다니던 연약한 모습뿐이다. 그러나 열 여덟 살에 가난한 농부의 아내로 시집와서 일흔을 갓 넘기고 돌아가시기까지 이룬 성과를 놓고 가늠해보면 도무지 납득이 가지 않는다.

흔히들 하는 말로 작대기 하나 꽂을 땅이 없던 살림을 남부럽지 않게 일구시고 여섯 자식 낳아 보란 듯이 뒷바라지한 그 힘의 근원이 무엇인지 말이다. 불과 50여 년, 그 어떤 자금의 뒷받침도 없이 오로지 몸뚱이 하나로 한 가정을 일으켜 세우고 자식들을 올곧게 키워서 사회에 내보내고 나눔을 실천할 수 있었던 힘은 어디에서 나왔을까. 아마도 그것은 어머니이기 때문에 가능하였으리라 여겨진다.

마음을 주고 몸을 주고, 마침내 한 생애를 송두리째 다 주어버리고도 조금도 아까워하지 않는 어머니는 대체 얼마나 많은 힘을 지녔을까. 어머니의 힘은 얼마일까. 몇 십 톤, 아니 몇 천 톤이 넘을지 모른다. 아니 어쩌면 인간이 만들어놓은 기계로는 도저히 잴 수 없는 힘을 지녔을지도 모른다.

그것은 결코 사람이 재기 힘든 힘일 것이다. 어쩌면 언젠가 자식이 자라 부모가 된 뒤에야 조금은 알 수 있는 무게일 것이다. 그러다가 어머니가 세상을 떠나고 그 빈자리에 홀로 서본 뒤에야 나머지도 짐작할 수 있을 것이다.

이 세상이 모두 사막으로 변한다 해도 마르지 않는 샘이 있다면 그것은 오로지 어머니라는 샘일 것이다. 아무리 주어도 언제나 줄 것이 남아 있고 아무리 퍼내어도 언제나 새로운 물이 고여 있는 샘일 것이다. 그리고 종내는 그 샘마저 통째로 주고 떠나는, 떠나서도 닿지 않는 마음의 물길을 연결해주는 유일한 사람, 그 이름이 어머니일 것이다. 아니 어쩌면 사라져서 간절히 다가오는 길이 되는 사람이 있다면 그것은 분명 어머니일 것이다.

아무도 걸어간 적 없는 눈 위로 어머니가 그랬던 것처럼 첫 발자국을 남기며 돌아서는 마음 한켠으로 문득 어머니의 말씀이 들려왔다.

"몸뚱이 하나밖에 내놓을 게 없는 사람이 이 험한 세상에 살아남을라카마 몸뚱이가 부서지도록 일을 해서 그 대가를 치루는 수밖에 없다 아이가…."

고통이야말로 기쁨을 향한 아름다운 준비라고 누누이 강조하시던 어머니의 힘은 대체 얼마나 센 것일까.

안드레아 보첼리의 목소리

안드레아 보첼리(Andrea Bocelli), 그의 목을 통과하면 세상 모든 불신들이 순간에 사라지고 그의 목을 통하면 세찬 소나기가 보슬비로 바뀌며 그의 목소리를 통하면 거친 바람도 어느 머나먼 낙원의 속삭임이 된다.

그는 이탈리아 출신으로 세계적인 명성을 지닌 위대한 테너 가수이다. 하지만 그는 장님이다. 이탈리아를 대표하는 록스타 주께로의 〈미제레레, Miserere〉의 데모 테입에 참여하여 루치아노 파바로티의 꽉 짜여진 공연 스케줄 때문에 대역으로 노래 부를 수 있는 행운을 얻었던 서른 네 살의 안드레아 보첼리, 그러나 그는 이 일로 자신의 숨겨진 재능을 유감 없이 발휘하였고 일약 세계적인 스타덤에 오를 수 있었다. 파바로티의 전폭적인 신뢰와 지지를 함께 얻었음도 물론이다.

그는 이듬해 1991년에는 이탈리아에서 가장 권위 있는 산레모 페스티발에서 〈미제레레, Miserere〉로 신인상을, 이듬해에는 대상을 각각 차지하기도 하였는데 정작 그를 더욱 유명하게 만든 곡은 전년도 우승자로 참가한 다음 해에 부른 'Time To Say Goodbye'의 원곡인 'Con Te Partiro, 너와 함께 떠나리'를 불렀을 때인데 이로 인해 보첼리는 파바로티, 도밍고, 까레라스로 대변되던 '빅 쓰리 테너'의 대안으로 떠올랐다.

안드레아 보첼리에게는 대단히 미안한 일이지만 나는 비교적 늦게 그의 목소리를 들을 수 있었다. 1997년에 발매된 그의 인터네셔날 앨범인 〈로망스, Romanza〉가 가져다 준 신선한 충격은 지금도 가슴을 설레게 해준다.

안드레아 보첼리, 그러나 그가 사람들을 더욱 놀랍고도 숙연하게 만드는 이유는 그가 앞을 보지 못하는 시각 장애자라는 점이다. 그도 1958년 이탈리아의 농부의 아들로 태어날 때까지만 해도 부족하기는 했지만 불우하지는 않았다. 여섯 살 때부터 음악교육을 받아오던 그에게 불의의 재앙이 닥친 것은 12살 때의 일이었다. 친구들과 축구를 하다가 머리를 부딪쳐 뇌를 다쳤는데 이 순간적인 사고가 그의 시력을 완전히 앗아가 버린 것이었다. 그러나 그는 불편하지만 절망하지는 않았다고 한다. 오히려 피사대학에 진학하여 법률을 공부하였고 법학박사 학위를 받고 변호사로 활약하기도 하였다.

하지만 음악에 대한 열정을 포기할 수가 없어서 당시로서는 전설적인 테너였던 프랑코 코렐리를 찾아가 그의 문하생이 되었다. 변호사로 활동하던 그였지만 교습비를 마련하기 위하여 식당과 클럽에서 피아노를 연주하는 등 음악을 향한 그의 집념은 실로 승부사적인 수준이었다. 그리고 마침내 그는 자신과의 싸움에서, 그리고 운명과의 싸움에서 모두 승리할 수 있었다.

그의 목소리에서는 비 개인 새벽 강가에 갓 피어난 찔레꽃 향기가 난다. 팝과 클래식을 넘나드는 독특한 창법에서 기인하겠지만 씹을수록 우러나는 단맛이다.

음악은 때때로 바다처럼 나를 사로잡는다!
나는 출범한다.
창백한 별을 향해, 자욱한 안개 속으로.
때로는 끝없는 창공 속으로
돛대처럼 부푼 가슴
앞으로 내밀고

어둠에 묻힌 채 밀려오는 거대한 파도를
나는 타느니.

시집 〈악의 꽃〉으로 상징주의 시의 새로운 기원을 이룩한 프랑스의 시인 보들레르(1821~1867)의 「음악」이라는 시구처럼 마치 거대한 파도처럼 보첼리의 목소리는 내 영혼에 앉은 먼지를 맑게맑게 닦아 주곤 한다.

언젠가 한번은 텔레비전으로 중계되는 가운데 열린 음악회에서 다리를 잘못 딛어 무대 아래로 떨지는 모습이 카메라에 잡힌 일이 있었다. 아무렇지도 않게 일어나긴 했지만 그때처럼 두 눈이 멀쩡한 내 자신이 부끄러웠던 적이 없었다.

잠 못 이루는 밤에

3월도 중순인데 한밤중에 내린 때아닌 폭설로 세상이 온통 하얗다. 나는 순간적으로 매화가 걱정되었다. 가까워진 봄을 예감하고 미리 꽃망울을 터뜨리고 있었기 때문이다. 피다 만 꽃잎 속에 차가운 눈이 소복소복 담겨져 있었다. 생각다 못해 나는 길다란 나무 막대기로 매화나무 가지를 툭툭 쳐서 눈을 털어 주었다. 그 연약한 꽃잎이 감당하기에는 물기까지 머금은 눈이 너무 차갑고 너무 무거워 보였기 때문이었다.

오후 들어 햇살이 나오면서 눈은 부분적으로 녹기 시작하였다. 나는 내심 동해凍害나 설해雪害를 염려하며 조심스레 다가가 보았다. 그런데 나의 그런 우려를 비웃기라도 하듯 그 연약한 꽃잎은 아무런 상처도 입지 않았다. 오히려 시린 눈을 녹여서 촉촉이 꽃술을 적시고 있었다.

무엇이 연약한 꽃잎으로 하여금 저토록 차가운 눈을 녹여내게 하였을까. 무엇이 상처 하나 입지 않고 저 혹독한 시련을 감내하게 하였을까. 아마도 그것은 생명에 대한 뜨거운 열망이었을 게다. 새로운 생명의 탄생을 향한 소리 없는 아우성이었을 게다.

나는 해가 저물 때까지 몇 차례 더 매화나무 밑을 기웃거려보았지만 설해로 인해 망가진 꽃잎을 찾아내지 못했다. 눈밭에 떨어진 꽃잎 하나 발견하지 못했다.

잠자리에 들어서도 나는 눈 맞은 매화생각을 쉽게 내려놓지 못했다. 더욱이 초아흐레, 달빛까지 창백하게 매화꽃을 어루만져 주는 게 아닌가. 나는 잠을 이룰 수가 없었다. 달빛이 잠을 깡그리 훔쳐가 버렸기 때문이다.

달빛만큼 나의 마음을 감쪽같이 훔쳐 가는 도둑을 만난 적이 없다. 그 달빛을 가로질러와 가슴에 꽂히는 부엉이 울음소리만큼 가슴을 미어지게 하는 악기를 만난 적이 없다.

잠을 밀어낸 밤은 사실 넓고 멀며 깊고도 아득하다. 이렇게 잠 못 이루는 밤에는 내 안의 나를 만날 일이다. 만나서 차가운 눈을 이긴 매화처럼 가슴에 얼마나 뜨거운 사랑을 지녔는지 물어볼 일이다. 한 번이라도 정녕 누구에게 내 잠을 송두리째 빼앗아간 달빛이었던 적이 있었는지 물어볼 일이다. 그 때마다 웃으며 나의 허물을 숨김없이 말해주는 진정한 나를 만날 일이다. 그리고는 내 안의 나와 뜨겁게 포옹할 일이다.

잠 못 이루는 밤에는 그를 만날 일이다. 같은 하늘아래, 같은 공기를 마시고 산다는 것만으로도 가슴이 벅차 오르는 그 사람을 만날 일이다. 마음이 물처럼 맑아서 숨겨온 허물들이 깊게깊게 드러나는 그 사람을 만날 일이다. 그리고는 이내 보내줄 일이다. 내가 간절했던 시간만큼 그에게도 남은 시간은 간절한 것이기 때문이다.

그래도 잠 못 이루는 밤에는 이대로의 나 자신을 사랑하자. 내가 지닌 생명을 감사하고 내게 남은 시간을 고마워하자. 생명은 생명 그 자체만으로도 더할 수 없는 행운이다. 아무런 대가도 지불하지 않고 얻은 생명이 아닌가. 소위 '밑천 없이 시작한 장사' 였으니 쪽박을 차도 본전이 아닌가. 세상에 이렇게 특혜를 주는 장사가 어디 있으랴.

그 뿐만이 아니다. 사람이 숨쉬는 공기며 햇빛은 돈을 주고 산적이 있는가. 물은 어떻고 바람은 또한 어떤가. 정녕 우리들에게 소중한 것들은 모두 무상으로 받는다. 문제는 내가 어떻게 갚을 것인가에 있다. 세상에 그 무엇도 일방적인 것은 없다. 반드시 갚아야 한다.

시간에 대한 생각도 마찬가지다. 지나간 시간으로부터 자유로워져야 한다. 내게 가장 소중한 시간은 지금 이 순간부터 죽음에 이르기까지의 기간이다. 내가 살아온 날들만을 생각하면 이 순간, 내가 가장 늙었을 것이다. 하지만 앞으로 살아갈 날들만 생각하면 지금 이 순간이 내게 가장 젊은 시간이다. 우리는 누구나 지금 이 순간이 생애 가장 젊은 때이다. 모든 것은 생각에서 비롯한다. 우리는 누구나 꽃의 한 때를 허비해서는 안 된다.

영혼은 혼자 있을 때 성장한다고 한다. 또한 사람은 고독으로부터 뜨거운 창조적 에너지를 얻는다고 한다. 만약 고독하다고 느낀다면 그것은 아직 혼자의 진정한 의미를 깨닫지 못한 때문이다.

그래도 잠 못 이루는 밤에는 미워하는 사람을 위하여 한 자루의 촛불을 켤 일이다. 그리하여 나 아닌 다른 사람을 위하여 자신을 태우는 촛불의 마음을 가슴에 새길 일이다.

가슴으로 살아가기

어느 여름날 하오였던가. 찻집에서 조용히 차를 마시고 있는데 옆 좌석에서 한 바탕 소란이 벌어졌다. 여자 손님 네 명이 서로 돌아가며 괴성을 지르고 일어났다 앉기를 반복하고 있었던 것이다. 벌 한 마리가 날아들어 주변을 날다가 근접해 왔었던 모양이었다. 주인이 쫓아 나와 창문을 열고 빗자루로 가까스로 몰아낸 다음에야 겨우 진정이 되었다.

그 모습을 보고 있자니 나는 속으로부터 슬그머니 웃음이 터져 나왔다. '왜 쫓겨나야 하는지 영문도 모르는 벌만 혼이 났네' 벌은 처음부터 사람에게 피해를 주거나 쏠 생각은 하지도 않았는데 괜히 사람들이 똑같이 앞질러 쏘일 것이라고 단정해버린 것이다. 누가 벌은 전부 공포를 불러일으키는 곤충이라고 믿게 하였을까.

왜 일어날 일도 아닌 것을 가정하여 고통을 만드는 것일까. 사실이 확인된 뒤에 대처해도 될 일을 경험이나 학습에 의존하여 너무 빨리 판단한 결과일 것이다. 마음의 영역이기 때문이다.

이렇듯 마음은 사태를 정확히 파악하지 못하여 위기를 당하는 경우와 마찬가지로 지나치게 미리 짐작하여 괴로움을 자초하는 경우도 허다하다. 생명체의 생태적 속성이 경쟁 속에서 살아남으려는 노력이라고 보았을 때 조금이라도 미리 다가올 일을 알아낸다는 것은 특혜를 선점하는 것과 같다. 그런데 생활 속에서 흔히 마주치는 양상들 속에는 지나치게 서두르다가 오히려 불행을 불러오는 경우도 적지 않다. 아직 때가 아닐 경우가 특히 더 그렇다.

마음은 넓은 하늘과 같아서 본래는 구름도 없고 비도 오지 않는다. 푸른 하늘이면서도 붉은 노을로 화장을 할 수도 있고 캄캄하게 분별을 없애버리기도 한다. 생각을 어느 쪽으로 이끌어 가느냐에 따라서 마음의 상태가 흐리기도 하고 환하게 맑기도 한다. 우리는 대체로 생각과 마음을 하나로 여긴다. 그러나 엄밀히 말하면 생각은 마음을 움직이는 핸들과 같다. 왼쪽으로 돌리면 왼쪽으로 가고 오른 쪽으로 돌리면 오른 쪽으로 간다.

가만히 있는데 벌이 날아와 쏠 확률은 거의 없다. 그런데도 우리는 대부분 그 벌이 사라질 때까지 불안해하고 긴장하여 신경조직을 경계상태로 몰아간다. 조급한 생각이 오히려 더 큰 화를 불러와 마음의 안정을 해치기가 쉽다.

어쩌면 나의 적은 언제나 바로 내 안에 있는지도 모른다. 마음은 한 가정을 일으키고, 한 마을을 일으키고, 한 나라를 일으키지만 가슴의 동의를 얻지 못하면 아무 것도 이룰 수가 없다. 마음은 항상 가슴의 동의를 얻어서 행동해야 옳다. 마음과 가슴이 하나로 일치된 삶이라면 얼마나 안정되고 평화로운가. 그것이야말로 '슬로비 운동'의 목적이 아니겠는가.

몸은 이제 가슴에 맡기고 마음은 마음이나 다스리자. 스스로 살아남기 위하여 갖은 수단을 동원하는 몸의 자생력을 의심하는 대신 마음으로 앞질러 근심하고 불안해 할 필요가 없다.

나의 육신에 남아있는 것은 무엇이며 떠날 것은 무엇인가? 영혼의 실체는 무엇인가. 멀쩡한 육신이 남아있는데 떠나버린 영혼으로 인해 땅속에 묻는다면 결국 육신자체는 흙덩어리에 지나지 않는다. 그 육신의 실상이 아닌 욕망을 쫓아 일생을 허비한다면 얼마나 억울한 노릇일가.

사람들은 마음마저도 자꾸 화장을 하려고 든다. 지나치게 자만한 마음이나 교만한 마음, 남에게 피해를 줄 만큼의 이기심들은 모두 그대로의 마음이 아니라 변질된 화장품을 바른 탓이다.

텔레비전 방송에 태풍에 피해를 입은 사람들의 눈물겨운 모습들이 방영된다. 당장 뭔가 도우지 않으면 안되겠다는 생각이 잠시 스쳐간다. 그러나 그러한 마음도 잠시, 실제로는 아무런 조치도 취하지 않고 면구스러움을 피해간다.

시장터를 지나다가 보면 다리가 없는 남정네가 엎드린 채 비누랑 고무줄을 팔겠다고 소리지르며 비집고 다닌다. 가슴이 출렁한다. 남의 아픔이 아닌데 하면서도 정작은 100원짜리 동전하나 건네주지 못한 채 혼잡을 핑계로 시장통을 빠져나간다. 어떤 이유에서든지 눈앞에서 일어나는 가슴의 동요를 마음은 또 다른 마음을 핑계로 실천에 옮기지 못하고 지나친다. 왜 이런 것은 흉내내기도 힘이 드는가. 마음과 가슴의 온도가 다르기 때문이다.

어찌 빈대를 잡겠다고 집에다 불을 지르며 약속시간 늦었다고 시계바늘을 돌린들 무엇이 달라지겠는가. 해가 지면 등불을 준비할 일이지 석양을 붙잡아 둘 생각은 부질없기만 하다.

무소유

『무소유』라는 수필집으로 잘 알려진 법정 스님이 현실 세상과의 작별을 했다. 스님은 종단의 요직을 지낸 많은 큰스님들과는 달리 주로 자그마한 오두막 절집에서 '무소유'를 실천하면서 지냈으나 대중적으로 널리 알려져 있다. 주로 대중포교의 한 수단으로 택한 그의 수필집을 통해서 교감을 해왔기 때문이다.

『무소유』 한 권만 하더라도 초간이래 40여 년 간 삼백만 권이 넘는 출판기록을 세웠으니 조금만 관심이 있다면 한두 번쯤은 읽었음직한 책이 되었다. 아마도 악착같이 가지려고만 몸부림치는 현실 속에서 그나마 마음으로라도 무소유에 대한 동경을 버리지 못하기 때문이 아닐까하는 생각이 든다.

방송이나 신문 등 여러 보도 자료를 보면 아마도 법정 스님은 자신의 주장대로 일생을 실천하면서 살았던 것 같다. 『무소유』를 출간하고 유명세를 타니까 너무 많은 사람들이 찾아와서 강원도 깊은 산중 오두막으로 거처를 옮겨 혼자 수행을 계속하였다고 한다. 여러 수필집 인세로 나오는 수익금을 어려운 사람들을 위하여 전부 환원하였고 언제나 빈손이었다고 한다.

입적을 앞둔 그의 '아름다운 마무리'는 더욱 더 세인들을 숙연하게 하였다. 소위 '스님의 것'이라고 하는 것이 남아있으면 모두 "맑고 향기로운" 세상을 위하여 쓰도록 하고 그 동안 진 '마음의 빚'을 갚을 수 없다면 모든 책의 절판을 유서로서 부탁하였다고 한다. 그리고 주검을 위하여 관棺을 사용하지 말 것과 장례식을 치르지 말며 탑을 세우지 말라는 당부도 함께 하였다고 한다. 이 또한 예사로이 행하기 어려운 일임에 틀림이 없다.

그런데 쉽게 이해하기 어려운 일이 너무 빨리 일어나고 말았다. 이 절판이라는 유서가 공개되자 너도나도 서점으로 몰려가 『무소유』를 비롯한 스님의 책들이 품절이 되었다고 한다. 스님의 생각과 스님의 삶을 올곧게 이해하고 따르기보다는 품절되기 전에 내 손에 책 한 권 지녀야겠다는 행동이 우선이었던 모양이다.

스님이 말한 '무소유'의 참 뜻은 "아무 것도 가지지 말라"는 뜻이 아니다. "필요하지 않은 것을 가지지 말라"는 뜻이었을 것이다. 그러면 모두가 '필요하니까 가졌지'라고 주장하겠지만 사실은 생명활동에 절실한 것이란 그렇게 많지 않다. 하지만 사람들은 본능적으로 남들보다 더 많이 가지고자 한다.

가져야 한다는 마음의 긴장보다는 가졌을 때의 흡족함이 일시적으로 불행을 가려줄 수 있을 것이다. 그러나 가지지 않아서 편한 마음의 여유가 누리는 행복을 가질 수는 없다. 모든 사람들이 바라는 행복이란 가지지 못한 것에 있는 게 아니라 이미 내가 가지고 있는 것 가운데 있기 때문이다.

가져야 한다는 생각을 줄이지 않고는 만족을 느낄 수가 없다. 사람들이 느끼는 많은 근심의 뒤에는 불만이 자리하고 있다. 가지고 싶은 것을 가지지 못한 불만과 미련은 우리네 영혼을 크게 방황하게 만든다. 그리고 그 흔들리는 영혼을 감추기 위해서 마음마저도 화장을 하게 된다. 지나치게 자만한 마음이나 교만한 마음, 남에게 피해를 줄 만큼의 이기심들은 모두 본디 모습의 마음이 아니라 변질된 화장품을 바른 탓이다.

가지지 못한 것이 불편할 수는 있겠으나 그렇다고 부끄러운 일은 아니다. 세상에는 오히려 너무 많이 가졌기 때문에 불행한 경우도 허다하다.

세상을 산다는 것은 어쩌면 양파를 까는 일이다. 아무 것도 남지 않는 내일을 향한 순진무구한 노동이다. 세상을 산다는 것은 또한 아무 것도 밝혀진 적이 없는 미래라는 이름의 동굴을 탐험하는 일이다. 가다가 넘어질 수도 있고 머리를 부딪칠 수도 있을 것이다. 아니면 예측하지 못한 사고를 당할 수도 있을 것이다. 하지만 탐험에 나설 때 그런 고통쯤은 각오하지 않았던가. 이미 알려져 있는 동굴이라면 탐험의 재미가 떨어진다.

포기를 배워야 한다. 포기할 줄 아는 사람이 되어야 한다. 진정한 포기란 가질 수 있을 때 가지지 않은 것을 의미한다. 가질 수가 없어서 그만 두는 것은 포기가 아니다. 소중한 것일수록 먼저 버려야 한다. 집착에서 벗어나는 것만이 마음의 자유를 얻는 길이리라. 아마도 그것이 법정 스님이 전하고자 한 '무소유'의 정신이 아니겠는가.

부처가 쌍사라수 아래서 열반에 드시기 직전 마지막으로 하셨다는 말씀이 생각난다. "아무 것도 가지지 않고 만족할 줄 알아야 참다운 행복이다."

결혼은 최후의 선택

함께 글공부를 하는 H여사로부터 아들의 결혼식 주례를 좀 맡아달라는 부탁을 해왔다. 어쩌다 제자들이나 주위 사람들로부터 결혼식 주례를 부탁 받을 때가 있지만 쉽게 응하지 못하는 편인데 끝까지 거절할 수도 없는 처지라 수락할 수밖에 없었다.

그리고 며칠 지나지 않아서 H여사는 인사를 시키겠다고 내가 사는 시골 화실까지 신랑과 신부를 데리고 왔었다. 직장에 조퇴까지 해가면서 직접 찾아와서 주례를 수락해줘서 고맙다며 청첩장을 건네는 것이었다. 과거에는 지극히 의례적인 일이었을 테지만 요즘은 이런 모습도 쉽게는 볼 수 없는 일인지라 나는 고맙다는 인사를 건넸다. 아울러 아이들을 그리 인도한 어머니에게도 귀한 선택에 대해 사의를 표했다.

나는 이미 어머니로부터 대강의 내용을 들었지만 몇 가지 인적사항을 적어줄 것을 부탁했고 혼인에 임하는 몇 가지 마음가짐에 대해서 이야기를 들려주었다.

"혼인은 꿈이 아니라 현실이다. 아주 냉정하고 정확하게 현실을 진단하고 처방해야 한다. 그리고 자신의 절반을 버리고 상대의 절반을 받아들여야만 한다. 자신의 전부를 지닌 채 상대방을 소유하겠다는 것은 착각이거나 침략자적 자세의 다름이 아니다. 그것은 가족도 마찬가지다. 지금껏 내 가족이 소중하였듯이 이제부터는 새로운 가족이 절반을 차지하게 된다. 그것을 수용하지 못하면 심각한 부작용이 생기기 마련이다.

과거에는 '부부는 일심동체一心同體다' 거나 '부창부수夫唱婦隨' 혹은 '여필종부女必從夫' 라 하여 여성들에게 특히 참고 견딜 것을 강조하였으나 지금은 시대착오적 발상이다. 굳이 표현하자면 '부부는 이심이체(二心二體, 異心異體)' 라고 하는 편이 옳을 것이다. 각각 자기

편만을 주장하라는 뜻이 아니라 적극적으로 상대를 인정하고 상대를 헤아려야 한다는 의미이다.

서로를 향해 승리를 꿈꾸지 말고 성공을 준비하는 자세야말로 행복한 결혼생활의 바로미터가 될 것이다. 사랑하는 법을 함께 배워야 한다."

대충 이런 이야기들을 한 것 같다. 어차피 결혼식장에서 주례사라는 이름으로 또 한 번 해야 할 이야기이지만 그때 가서 귀에 들리지도 않을 지루한 푸념을 줄이기 위해서라도 조용히, 그리고 조심스러운 당부를 곁들였다.

결혼, 과연 누구하고 할 것인가? 그리고 언제 그 선택을 해야 하는가? 영화에서처럼 서로가 첫눈에 반해서 선택한 상대가 얼마나 되겠는가. 그러나 그렇더라도 최우선 조건은 '사랑하는 사람' 이어야 한다. 물론 결혼을 생각하는 사람 그 누구라도 자신의 사랑을 부정하지 않을 것이다. 하지만 엄정히 생각해보면 일시적 감정에 따른 '소유욕' 이나 '집착' 을 사랑이라고 생각하는 경우가 적지 않다.

자신을 주려고 하지 않고 상대가 주기를 바라는 자세는 사랑의 모습이 아니다. 자신의 욕구는 버리지 않고 상대가 욕구를 잘라내려는 모습은 사랑이 아니다. 진정한 사랑은 오로지 하나뿐이기 때문에 상대를 결코 시험하지 않는다.

사랑은 아름다움의 완성이다. 하지만 그 사랑에도 장애물이 있고 시련이 있고 고통과 슬픔이 있다. 괴로움과 분노와 원망이 없는 사랑은 온전한 사랑이 아니다. 영원한 사랑이란 인간이 겪을 수 있는 모든 상황들 안에서만 만날 수 있다. 질서 속의 자유인 셈이다.

플라톤의 『대화편』에는 디오티마(Diotima)라는 여인이 등장한다.

그녀는 전설상의 인물로 아르카디아 남동부의 무녀다. 그런데 소크라테스는 〈향연〉이라는 작품 속에서 자신의 연애관을 이 디오티마의 입을 통해서 「육체의 아름다움에서 영혼의 아름다움으로, 더 나아가 아름다움 그 자체의 관조에까지 도달하는 것이 올바른 애정」이라고 규정하고 있다.

봄바람도 사랑이고 겨울의 찬바람도 사랑이다. 다만 그것을 알기까지는 시행착오라는 많은 시간이 필요하다. 사랑은 여러해살이풀이 아니다. 해마다 새로운 씨를 뿌리고 가꾸어야 한다. 사랑도 식물들처럼 물을 주어야만 자란다.

사랑은 물과 같고 공기와 같아서 끊어지기 전에는 느끼지 못한다. 잃어버리기 전에는 눈치 채지 못한다.

결혼을 결심하는 시기도 마찬가지다. 불이 타는 상황에서 내리는 선택은 많은 위험부담을 지니고 있다. 아직은 상대의 단점이 노출되지 않았기 때문이다. 시각적 아름다움은 순간의 착각이다.

좁쌀만한 자존심이라도 있는 자라면 자신의 모자라는 부분을 명예나 권세나 재물로는 채우지 말아야 한다. 그것은 자신의 젊음에 대한 자학이며 심각한 모독이다.

비에 옷이 젖듯이 옷으로 가려져 있던 실체가 드러나고 더 이상 젖을 것이 없다고 판단될 때 비로소 '이 사람이야' 하고 결혼을 결정해야 한다. 결혼의 최후의 선택이다.

꿈이 없으면 청년이 아니다

사전적인 의미로 보면 '젊은 나이' 혹은 '나이 젊은 사람'을 일컬어 청년이라고 한다. 대개는 스무 살 전후로부터 서른 살 전후까지가 해당된다. 머릿속으로 가만히 '청년'이라는 단어를 떠올려 보면 우선 넘치는 힘과 끊임없는 도전이 생각난다.

가슴에는 피가 끓고 머리에는 이상이 넘쳐 제자리에 가만히 있지 못하는 실루엣이 그려진다. 행동은 어딘지 모르게 거칠고 생각은 대책 없는 불만으로 기성세대를 몰아붙이는 그림이다.

어느새 훌쩍 커버린 아이들과 어쩌다가 술자리라도 할라치면 나는 그들이 가진 젊음에 항상 주눅이 들곤 한다. 아직은 현실성 없는 꿈에도 굴하지 않는 용기와 마치 세상의 영광들이 자신들을 위하여 기다려주기라도 할 것 같은 착각 또한 그네들의 특권이다.

환경이 달라졌으니 내가 지나온 청년시절의 생각과 야망이야 직접적인 도움이 안 될 것이다. 하지만 나는 마치 뭔가 전해줘야 할 의무감처럼 자꾸만 했던 이야기를 거듭하기 마련이다.

술의 힘을 빌려 내가 아이들에게 들려주는 레파토리 가운데에는 주로 다음과 같은 내용들이 대부분이다.

청년을 말하면서 꿈을 빼놓을 수가 없다. 꿈이 없는 젊음은 나이와 상관없이 청년이 아니다. 세상에 살아가면서 꿈을 잃어가는 것만큼 참기 힘든 고통도 흔치 않을 것이다. 물론 나무 한 그루, 풀 한 포기 무의미하게 잃는 것도 안타까운 일이다. 산 하나, 마을 하나 잃는 것도, 그리하여 백성을 잃는 것도 군자의 불행이다. 하지만 꿈을 잃는 일은 그 모두를 잃는 일이다.

조만식 선생이 어린 시절 요강이나 닦던 머슴이었다는 사실을 기억해야 한다. 조선의 천재화가 오원 장승업이 어린 시절 마당이나 쓰는 종이었다는 사실을 그냥 넘겨버리지 말아야 한다. 그 시기에는 책을 읽어야 하고 생각에 골똘해야 하며 진취적인 습관을 몸에 익혀야 한다. 그래서 생각의 그릇을 키워주어야 한다. 그래야 꿈 또한 크게 담기게 될 테니까.

청년기에는 자신이 가야할 길을 찾아야 하고 아무런 의심 없이 가는 것이 중요하다. 목표물이 정확하지 않은 화살에는 자신이 맞을 수도 있다. 무엇보다도 먼저 자신의 길을 찾되 멈추질 말아야 한다. 젊음은 자전거 타기와 같아 계속해서 페달을 밟지 않으면 이내 쓰러지고 마침내 가던 길을 멈추게 된다. 자신의 길을 가는 자만이 자신의 삶을 사는 일이다.

젊음은 사회의 정의에 대한 파수꾼이 되어야 한다. 진리와 정의를 지키지 않고 불의에 동조하거나 외면한다면 그 시대의 미래는 암울하다.

'사이비' 라는 말이 있다. 물론 진짜 행세를 하는 가짜를 일컫는 말이다. 이를테면 나쁜 사람을 나쁘다고 이야기하지 못하고 좋은 사람을 좋다고 이야기하지 못하는 사람도 사이비에 다름이 아니다. 어떤 면으로는 악행을 일삼는 진짜 악당들보다도 더 나쁜 존재일지도 모른다.

청년정신에 있어서 가장 경계하고 금기시해야 할 부류 가운데 하나가 곧 사이비일 것이다.

청년은 자신이 판단하고 선택한 일에 미쳐야 한다. 〈논어〉에는 "아는 사람은 좋아하는 사람만 못하고 좋아하는 사람은 즐기는 사람만 못하다"라는 구절이 나온다. 실천의 중요성을 강조한 말이다. 1g의 실천이 1t의 생각보다 낫다. 실패할 각오가 되어있지 않으면 성공은 꿈꾸지 않는 것이 좋다. 이미 실패한 것이나 다를 바가 없기 때문이다.

청년은 아무리 상황이 다급해도 자신에게 변명을 강요하거나 배반을 종용해서는 안 된다. 변명에 길들이면, 자기 발견을 통한 거듭나기를 기대할 수가 없다.

작은 성냥 개피 하나가 집을 태우고 들을 태우고 산을 태우고 급기야는 수백 년, 수천 년의 시간을 한꺼번에 태운다는 사실을 가볍게 생각해서는 안 된다.

젊다는 것은 축복이다. 그 시간 안에는 정의감, 희생정신, 모험심, 도전정신, 비판정신, 봉사정신, 애국, 애족, 애향, 꿈, 사랑, 정직, 열정, 우정, 모험, 결백, 준수, 사유(思惟)와 통찰 같은 단어들이 가득 들어있다. 끝없는 사색과 열정과 땀으로 얼룩질수록 아름답다.

크게 반가워 하지 않고 귀담아 듣는 것 같지도 않지만 나는 마치 아비로서의 의무감처럼 이야기를 계속한다. 지나간 나의 청년시절에 그토록 듣기 싫어했던 이야기들이 아니던가. 숨이 막히기 전에는 공기의 소중함을 모르듯이 아마도 그 때 외면해버린 내 청춘을 향한 자기위안 같은 것인지도 모른다.

흔들리는 갈대처럼

화실 창 밖을 내다보면 1년 내내 갈대밭이 보인다. 봄은 봄대로 희망의 연둣빛 속삭임으로 다가오고 여름은 여름대로 진초록 코트로 유혹을 한다. 적당한 황갈색으로 변하여 실바람에 흔들리는 가을은 가을대로, 하얗게 흰 눈을 뒤집어 쓴 겨울은 겨울대로 그 느낌이 제각각이다. 날마다 수백 번은 흔들려야 하루가 가는 일상이지만 나는 한 번도 그들이 쓰러져 있는 모습을 본 적이 없다. 그들은 쓰러지기보다는 먼저 굽히는 법을 알고 있기 때문이다.

부드러운 것이 강하다는 말이 있다. 하지만 실제로는 강한 것들이 세상을 지배한다. 얼른 생각하면 동물들의 세계에서나 힘이 통한다고 믿을지 모르나 사람들의 세상에도 강한 것이 지배하기 마련이다. 아마도 겨루어서 우열을 가리는 것은 생명의 속성이기 때문일 것이다.

그러나 강한 것은 일시적으로 상대를 제압할 수 있을지는 몰라도 영원히 소유할 수는 없다. 상대를 완전히 가지려면 오히려 부드러워야 한다. 한 때는 칼로도 세상을 차지한 적이 있었다. 그러나 칼은 종이만 자르는데도 그 칼날이 쉽게 무디어진다.

갈대를 보면 겉으로는 부드럽지만 안으로는 강하다는 의미의 '외유내강外柔內剛'이 생각난다. 어쩌면 수많은 식물들 가운데서 갈대는 3류쯤 되는지 모른다. 같은 자연의 생명으로 태어났으면서도 기둥이 되어보지 못하고, 열매 맺어 짐승들의 밥이 되어주지 못하고 달빛이 쓰린 밤에 혼자서 울고 있는 갈대는 분명 3류에 틀림이 없을 것이다. 그러나 갈대는 떠내려가는 강바닥을 온몸으로 막았고 인간의 삶에게 휘어지고 굽히는 지혜를 주었다.

교과서에서는 한 번도 가르친 적이 없는 3류의 값어치를 갈대는 몸소 보여주고 있는 것이다. 정녕 그럴 것이다. 천 번이고 만 번을 흔들려도, 비록 흔들려서 몸이 괴롭더라도, 꺾어지지 않는다면 '그것이 삶이네' 하고 살아가는 것이다.

내가 강을 향해 창가에 앉는 날은 대체로 사람과의 관계가 주는 비바람에 휘둘렸을 때가 대부분이다. 자그마한 오해이거나 지나친 자기방어는 그나마 다행이다. 참으로 자신을 타이르기가 어려운 것은 전혀 근거가 없거나 느닷없이 소나기 앞에 내몰린 낭패의 경우이다. 지나치게 자기방어나 보신주의에 빠져 상대의 입장을 깡그리 무시해버리는 경우라면 그릇이 작다고 치부해버릴 수가 있다. 하지만 아예 모함이나 배신의 경우는 지워지기 힘든 상처로 남게 된다. 그럴 때는 흐르는 강물로 씻어내야 한다. 그럴 때는 어떻게 하면 다친 마음을 치유 받을 수 있는지 흔들리는 갈대에게 물어보아야 한다.

의외로 갈대의 대답은 간단하다.

"바람이 불면 흔들리면 되느니. 새가 보고 싶으면 새를 부르면 되고 하늘이 흐리면 비질을 하면 되느니"

갈대는 끝끝내 자신을 꺾어버리지는 않았다. 바람이 한 번도 자신의 길을 알려주지 않았지만 갈대는 미리 알고 있었다.

'그렇구나. 그러하구나' 하루에도 천번 만번 끄덕이며 긍정을 해보지만 아직도 남은 긍정은 짐작조차 할 수가 없다. 긍정이 끝나면 하나의 삶도 끝나고 마는 것일 테니까.

갈대가 내 눈에 들어오기까지 그러나, 너무나 많은 시간을 보내어야 했다. 단 한 시간이라도 돌아오지 않는 그 많은 시간을 주고서야 나는 흔들리는 갈대를 가슴에 안게 되었다.

외로운 날에는 서라벌로 가라

세상이 야속한 날은 산으로 가고 삶이 궁금한 날은 강으로 가야 한다. 사람이 그리운 날에는 저잣거리로 가고 사람이 두려운 날은 들로 나가야 한다. 몸이 아픈 날은 고향에 가고 마음이 아픈 날은 성산포로 가야 한다. 그래도 외로움이 가시지 않으면 서라벌로 가야 한다.

아마 내가 목적지를 정하고 찾은 곳 가운데 가장 많이 간 곳이 서라벌일 것이다. 그 곳에 가면 남산이 있고 석굴암이 있고 불국사가 있다. 그리고 분황사가 있고 황룡사지가 있고 계림, 천마총, 반월성, 에밀레종이 있다.

한 세월 훌쩍 건너 용장사와 매월당 김시습이 있고 동학을 일으켰던 최제우 선생의 용암정이 있다. 제각기 커다란 역사를 지니고 있어 순위를 정할 수도 없지만 내 마음의 선택을 좇아 천년이 지난 역사와 가만히 만나곤 한다.

특히 글을 쓰다가 정신의 자양분이 떨어졌다 싶거나 무엇에 쫓기듯 허둥대다가 길을 잃어버렸을 때, 그 때마다 나는 남산으로 간다. 삼릉골로 해서 아직도 입술이 붉은 관음보살과 잠시 눈을 맞추고 마애선각육존불 앞에서는 마치 붓 자국과도 같은 정釘 다루는 솜씨에 잠시 말을 잊기도 한다. 코가 완전히 뜯겨져 나간 석불좌상을 애써 외면하고 상선암 툇마루에 앉아 잠시 땀을 식힌 뒤 마애석가여래대불 앞에 서면 비로소 잃어버렸던 길이 희미하게 보인다. 금오산 정상을 통해 용장사 삼층석탑에 다다르면 세상의 길들이 왜 자꾸만 사라지는지를 짐작하게 된다.

그토록 많은 발길들이 마침내 바위 속으로 사라졌음을 깨닫게 되는 것이다. 그래도 길이 보이지 않으면 다시 내려와 보리사 석불좌상 앞에 서 보면 안다. 길은 왜 하나의 목적지에서 끝나지 않고 다시 이어지며 또다시 숨어버리는가를.

그러나 길을 찾지 못한 사람들을 위하여 신라의 스님들은 탑골을 비장해 두었다. 바윗돌에 새겨진 구층탑과 오층탑의 풍경소리에 그나마 남은 세속의 때를 씻고 마애불상과 삼층석탑, 그리고 보리수나무아래의 수도승 모습과 삼존불좌상에 다다르면 잠시나마 놓치고 온 본디의 길을 확연히 되찾을 수가 있다. 적어도 집으로 돌아가 내 다시 세속에 잠기기 전까지는 말이다.

수많은 생각이 실타래처럼 엉겼을 때 나는 혼자 석굴암에 오른다. 바닷바람에 서걱거리는 댓잎소리를 발로 차며 굽이굽이 돌아드는 석굴암 길은 엉긴 실마리를 풀기에 적격이다.

자신에 대한 믿음이 흔들릴 때에는 불국사엘 가서 경내에서 한나절을 보내고 마음이 조급해질 때는 황룡사지에서 풀잎처럼 앉아보기도 한다. 나무의 말을 듣고 싶으면 계림 숲으로 가고 집착에 사로잡힐 때면 분황사로 가서 잠시나마 원효 스님의 발자취를 더듬는다. 내 자신을 찾고 싶을 때는 용장사로 가서 매월당 김시습을 배알하고 자칫 교만에 길든다 싶을 때는 용담정으로 가서 수운 최제우 선사가 강조하던 물의 마음을 읽으려고 애를 썼다.

우리에게 서라벌이 있고 그 서라벌의 한가운데 남산이 있고 불국사가 있다는 것은 역사와 민족이 주신 축복이다. 거기에는 다보탑이라는 아름다운 과거가 있고 흔들림이 없는 오늘을 바쳐주는 석가탑이 있고 그 사이로 시간의 핏줄처럼 사람들이 지나다니지 않는가.

거기에는 아득한 옛날, 신라의 풍경소리가 있고 정釘으로 포개어진 신라의 꿈이 있고 촛불 끝에 모아지는 신라의 마음이 있다.

이제 눈이 그치면 내일은 외로움과 함께 서라벌로 가야겠다.

낙엽을 읽으며

화실 계단 위로 수북히 낙엽이 떨어져 쌓인다. 바야흐로 낙엽의 계절인가 보다. 한 쓰임이 끝나고 또 다른 쓰임에게로 건너가는 저 아름다운 퇴장 앞에서는 누구도 쉽게 말을 꺼내지 못한다. 누구라도 쉽게 기쁨을 자랑삼지 못하며 슬픔을 억울해하지 못한다.

떨어지는 나뭇잎을 보고 있노라면 어느 하나도 애써 나뭇가지에 매달리려고 하지 않고 나뭇가지 또한 붙잡으려고도 하지 않는다. 이른바 〈無爲〉라 하였던가. 이럴 땐 그 어떤 미사여구나 감미로운 달변도 무색해지기 마련이다. 오히려 눌변이 더 어울리고 눌변보다는 차라리 침묵이 제격이다.

떨어져 나뒹구는 나뭇잎 속에는 우리가 놓쳐버린 지난 시간들이 한 순간도 빠짐없이 기록되어 있다. 연초록 꿈을 품고 하늘을 향하던 봄날에서부터 비바람과 작열하는 태양 아래서 자신의 한계를 시험하던 모든 시간들이 마치 수백만 분의 일로 줄여놓은 축도縮圖처럼 간직되어 있다. 지난至難했던 그 시간들, 그러나 그 멀고 긴 시간마저도 저 한 순간의 작별에 비하면 아무 것도 아니다. 일생 동안 겪어온 모든 변화를 10이라고 한다면 생명을 버리는 순간이야말로 90이 넘는 변화인 셈이다.

우리가 책에서 지식을 읽을 수 있다고 한다면 자연에서는 지혜를 읽을 수 있다. 자연에서는 책에서는 읽을 수 없는 오감을 통한 포괄적 이해와 느낌과 느낌 사이에서 오는 감동을 얻게 된다. 실황의 돌비서라운드며 와이드 스크린이라고나 할까.

제각기 다른 모양새의 낙엽 하나하나에서 많은 지혜와 슬기를 읽을 수가 있겠지만 그 가운데서도 나의 독후감에는 언제나 다음 몇 가지가 희미하게 기록되어진다.

첫째, 낙엽에는 한 생명이 겪어온 삶의 흔적이 가감 없이 남아 있다.

단풍잎은 단풍잎대로, 떡갈잎은 떡갈잎대로 자신이 겪어온 시간들을 간직하고 있다. 태양을 즐겼으면 태양을 닮아 있고 별빛을 흠모했으면 별빛을 닮아 있다. 태풍에도 두려워하지 않고 소낙비에도 고개 돌리지 않으며 자중자애한 세월이 기록되어 있다.

그 누가 고통과 고뇌를 이기지 않고 깨달음에 이른 자는 없다고 하였던가. 홀로 떨어져 발길에 차이고 나뒹굴다가 그나마 남은 빛깔마저도 스스로 거두어 가는 모습이야말로 성자의 그것과 무엇이 다르랴.

둘째, 낙엽을 읽다 보면 쓰임과 역할에 대한 소리 없는 가르침이 전해져 온다.

무릇 세상의 모든 존재들은 그 나름의 쓰임이 있기 마련이다. 빛은 빛대로, 어둠은 어둠대로의 쓰임이 있고 기둥은 기둥대로 서까래는 서까래대로의 쓰임이 있다. 세상 전부가 빛으로만 가득 차면, 그리하여 그늘이 없고 휴식이 사라지면 그 어떤 생명도 오래 지탱하지 못할 것이다. 큰산은 큰산대로, 작은 언덕은 언덕대로의 소임과 역할이 있다. 마땅히 자신의 역할이 끝나면 또 다른 쓰임을 위하여 자신의 역할을 거두어 들여야 한다.

일그러진 몸을 채근하며 자신의 소멸을 향하는 낙엽을 보면 능히 헤아리리라. 미래에 대한 믿음만큼 풍요로운 자산이 없다는 것을.

셋째, 낙엽 속에는 사유思惟의 미립자들이 마치 백과사전처럼 가득하다.

거기에는 욕망에 의한 기다림이 있고 거기에는 섭리에 따른 헤어짐이 있다. 삶이 있고 죽음이 있고 삶과 죽음을 넘어선 무애와 초월이 있다. 또한 길이 있고 길의 끊어짐도 있으며 있음이 있고 없음도 있다. 버림과 선택 또한 나란히 함께 있다.

자신을 버리는 낙엽의 길은 그러나 존재에 대한 저버림으로 또 다른 쓰임을 얻는 것이 아니라 새로운 질서에 대한 선택임은 두말할 나위가 없다. 말하자면 이 때의 없음(無)은 있음(有)이 원인으로 받아들여지는 결과가 아니라 있음(有) 그 자체의 근거이자 독립적인 실존의 개념이다.

봄이 오는 것을 막지 않는 계절이라고 한다면 가을은 가는 것을 붙잡지 않는 계절이다. 낙엽을 읽으면서 나는 다시 한번 내일, 그리고 중도中道의 길을 생각해 본다.

넘어지지 않으면
일어나는 법을 모른다

03

마음에서 가슴까지 — 바닷가에서의 사색 — 잃어버린 지우개 — 인간, 그리고 자연 — 행복을 위하여 — 가을이 가기 전에 — 낙엽은 지건만 — 꽃은 꽃을 버려서 열매를 얻는다 — 넘어지지 않으면 일어나는 법을 모른다 — 봄을 기다리며 — 어머니 면허증

마음에서 가슴까지

고개를 돌려 창 밖을 내다보면 초여름의 녹음이 너무나 아름답다. 연두에서 청록에 이르기까지 온통 살맛을 불러일으킬만한 지상의 모든 색깔들의 축제무대와 같다. 한참을 보고 있자니 침침하고 어두웠던 기분도 어느새 풀빛으로 바뀌어 가는 느낌이다. 마음의 요술이었다.

사람의 모든 괴로움과 슬픔은 마음에서 일어난다고 한다. 물론 즐거움이나 기쁨도 마찬가지다. 가지지 못하였다고 괴로워하고 배우지 못하였다고 괴로워하고 행복하지 못하다고 괴로워한다. 그러나 그러한 판단은 모두 마음의 영역에서 이루어진 상대적인 기준일 뿐이다.

거꾸로 생각해보면 만 원밖에 지니지 못한 사람일지라도 천 원을 지닌 자보다 열 갑절이나 많은 것이요, 스무 살밖에 살지 못한 생명일지라도 태어나면서 죽은 생명의 스무 갑절이나 살았다고 여기면 행복한 생각이 들어야 마땅할 것이다. 그러나 우리는 아무도 그렇게 인정하려고 하지 않는다. 애써 위안을 찾아보지만 마음의 동의를 얻기가 어렵다. 왜냐하면 마음은 언제나 끝없는 욕망의 편에 길들여져 있기 때문이다. 마음은 마치 야생마와 같아서 길들이지 않으면 어디로 뛰쳐나갈지 알 수가 없다.

사람은 언제까지나 마음만을 쫓아 살 수는 없다. 실천으로 옮기는 것은 가슴의 일이기 때문이다. 마음은 지식의 지시를 받지만 가슴은 느낌의 지시를 받는다. 해가 지면 등불을 준비할 일이지 석양을 붙잡아 둘 생각은 부질없기만 하다. 약속시간에 늦었다고 시계바늘을 돌린다면 무엇을 얻겠는가. 차라리 어떤 때는 생각이 단순하고 모자라는 짐승이 부러운 까닭이 바로 여기에 있다.

우리는 지금 지나치게 마음을 다그치는 조급증에 길들여져 있다.

스스로 살아남기 위하여 갖은 수단을 동원하는 몸의 자생력을 의심하고 대신 마음으로 앞질러 근심하고 불안해하고 있다. 나만 손해를 보는 게 아닌가, 이러다가 나만 죽는 게 아닌가, 나만 따돌리는 게 아닌가, 사람들이 나를 알아주지 않으면 어떻게 할까. 우리의 근대사가 우리의 본성을 크게 훼손시켜 놓은 까닭일 게다.

우리나라 사람들의 조급성을 두고 자주 비교하는 이야기가 있다. 우리나라 사람과 일본 사람과 미국 사람, 이렇게 셋이서 한 집에 고립되어 살게 되었는데 마실 물이 떨어졌다. 성미 급한 우리나라 사람이 먼저 뛰쳐나가 막대기로 우물을 파기 시작했다. 한 나절을 파고 있자니 일본 사람이 어디서 삽을 찾아 들고 나타나 우물 팔 준비를 하기 시작했다. 그러기를 또 한 나절, 이번에는 미국 사람이 창고에서 뭔가를 뚱땅거리기 시작했다. 우물 팔 기계를 만들기 시작했던 것이다.

이 상황에서 과연 누가 가장 먼저 물을 마셨을까? 물론 미국사람이다. 기계를 만드는 과정이야 오래 걸렸지만 금세 물을 얻어 마실 수가 있었다. 그 다음은 일본사람이었다.

그렇다면 가장 먼저 우물이 필요하다며 땅을 파기 시작한 한국사람은 어떻게 되었을까?

그는 우물파기를 도중에 포기하고 말았다. 왜냐하면 두 사람이나 우물을 파기 시작하였으니 얻어 마시면 그만이었다. 쓸데없는 낭비라는 계산이 섰던 것이다. 그러나 그것은 마음의 지배, 속단이었다.

물론 이 이야기는 우리나라 사람의 조급증과 피해의식을 꼬집는 한 토막의 우화에 불과하다. 하지만 한편으로는 우리 스스로를 되돌아보게 하는 자조 섞인 이야기이기도 하다.

이 세상에는 공짜가 없다. 사람의 삶에도 반드시 지불해야할 대가가 있기 마련이다. 땀을 흘려야하고 굶주림을 이겨야 하고 병마와 싸워야하고 때로는 이웃과의 경쟁에서 이기기도 해야 한다. 죽음을 선택하지 않는 한, 생명을 지속하는 한 갚아야 할 대가에 다름 아니다.

요즘에는 이 거룩한 계산법마저도 거부하려는 생각들이 늘고 있다. 지나치게 자만한 마음이나 교만한 마음, 남에게 피해를 줄 만큼의 이기심들은 모두 본디의 마음이 아니다. 마음의 상처가 심각한 환자들이다. 치료하고 닦아내어야 한다. 마음으로 마음을 닦아내지 못할 일이라면 가슴의 판단에 맡겨야 한다.

젊을 때는 마음으로 살고 나이가 들면 가슴으로 사는 게 좋다. 젊을 때는 무엇인가 자꾸만 채우는 것이 행복이고 나이가 들면 차츰차츰 정리를 해서 자꾸만 비우는 것이 행복이기 때문이다. 마음에서 가슴까지가 그러나 참으로 멀다.

바닷가에서의 사색

벌써 바다가 부르는 계절이다. 세상의 모든 물이 마침내 모이는 곳, 모여서 어우러지고 몸을 나누고 모난 생각은 깎아내고 슬픈 생각은 가라앉히며 마침내 화해하는 곳, 그곳이 곧 바다가 아니랴.

아무리 큰물이 져서 붉은 흙탕물이 밀려들어도 바다는 억울한 내색 한 번 보이지 않는다. 결코 불어나지도 줄어들지도 않은 채 언제나 자신을 통제하고 언제나 자신을 타일러서 엎질러 놓은 푸른 잉크 빛을 잃어버리지 않는다.

바다에는 참으로 많은 것들이 모여 있다. 바닷가 모래밭을 걷노라면 쉬이 발걸음이 옮겨지지 않는다. 쉴 새 없이 밀려오는 파도의 기기묘묘한 모습에다 갈매기, 뱃고동을 울리며 지나가는 고깃배, 파도에 밀려온 조개껍질, 그리고 천년은 족히 자신의 욕망을 깎아내었을 조약돌들이 발걸음을 붙들고 늘어지기 때문이다. 해벽을 향하여 온몸으로 부딪치는 저항과 시시각각으로 색깔을 달리하는 순응을 함께 아우르고 있는 저 푸른 바다를 향하여 우리들의 가슴이 설레는 것은 지극히 자연스러운 모습이 아닐 수 없다.

나는 아무도 없는 쓸쓸한 새벽바다를 특히 좋아한다. 거기에는 하루의 시작을 기다리는 침묵이 있고 거기에는 장엄하게 일어서는 태양의 시간이 마련되어 있다. 그리고 하늘과 땅을 가르는 수평선이 있다.

바로 눈앞에 보이는 물은 분명 한 순간도 거침없이 혹은 크게 혹은 작게 흔들리고 있다. 하지만 눈을 조금만 들어 멀리 보면 언제나 미동微動도 없이 다가오는 편안한 직선 하나, 수평선은 정녕 마술의 인수분해와 같다. 오늘 내가 그토록 참아낼 수 없었던 분노도, 주체할 수 없던 불안한 마음도 조금만 멀리로 눈을 돌리면 분별을 지워버린, 다만 하나의 아득한 수평선이 아니겠는가.

바닷가에 혼자 서서 하얗게 밀려와 제 가슴을 쓸어 내리는 물거품을 보면 나는 언제나 나를 시조의 길로 인도해 주신 이영도 선생님이 생각난다. 내가 이영도 선생님을 맨 처음 만났을 때가 1973년이었는데 아마 대구역전의 '회전'이라는 다방이 아니었나 생각된다. 그 고운 한복차림에 특유의 머리모양을 하신 그 단아한 자태도 가히 충격이었지만 그 때 내게 들려주었던 말씀들은 잠시도 내 머리를 떠나지 않는다.

"바닷가에 가보면 미세한 물거품이 밀려왔다 말려가곤 하는데 손바닥을 내밀어보면 간지러울 정도밖에는 아니지. 하지만 백 년, 이백 년, 아니 천 년, 이천 년의 세월동안 꼭 같은 일을 반복하면 반질반질한 조약돌을 만들어 내는 힘이 되는 것이란다."

아직은 세상을 잘 읽어내지 못하던 대학교 2학년, 짐짓 둔하게 보였을 내게 용기를 잃지 말고 끈질기게 노력해 보라는 격려였으리라. 하지만 내게는 시를 쓰는 데 있어서나 삶을 살아가는 데 있어서 지금껏 참으로 소중한 교훈이 아닐 수 없었다.

그랬다. 끝없는 흔들림으로 자신을 온전히 지켜 가는 바다를 보면 비록 지금 내가 겪는 아픔이 그 아무리 크다 할 지라도 자신을 깨우는 일에 다름이 아니다. 세상에는 쉽게 얻어지는 것이 없다. 설혹 쉽게 얻어지는 것이 있다손 치더라도 그것은 소중한 것이 못된다. 진실로 소중한 것은 힘들이지 않고서는 결코 얻어지지 않는다.

하심下心이란 말이 있다. 물이 자신을 낮추어서 큰 바다에 이르듯 자기 자신을 철저히 낮추는 마음자세를 말한다. 계곡은 낮아서 물을 이끌고, 바다는 더욱 낮아서 세상의 물을 모두 담는다. 바로 그것이다. 내 마음이 슬프면 계곡의 물이 되고 내 마음이 괴로우면 바다의 물이 되자.

세상의 물은 왜 바다에서 모두 모일까? 왜 그 끝없는 설렘과 외로움과 두려움 속에 갇혀서야 비로소 태양을 얻고 달을 얻고 별을 얻는 것일까. 아마도 물은 물대로 자신의 눈높이를 낮추고 바다는 바다대로 모든 분별과 편견을 버렸기에 가능한 일일 것이다. 그렇다. 진실은 해석되어지는 것이 아니라 받아들이는 것이다.

물의 마음으로 자신을 다스리고 바다의 마음으로 세상을 살자. 좀 더 낮은 곳부터 먼저 보듬어 안으며 좀 더 깊은 상처부터 먼저 치유하자. 슬픔에도 노래를 멈추지 말며 장애물도 비켜가자. 더러운 것을 만나면 감싸안고 삭혀내며 천길 벼랑을 만나도 두려워하지 말자.

어떤 경우에도 편을 가르지 말며 어떤 경우에도 경계를 지우지 말자. 갈매기가 오면 갈매기에게 마음을 열어주고 고기떼가 오면 고기떼에게 가슴을 내어주자.

잃어버린 지우개

차 한잔으로 시작하는 아침, 창문 너머로 유난히도 고운 산나리 꽃이 내 마음을 사로잡는다. 그 붉은 꽃을 바라보다가 문득 '나는 한 번이라도 누구에게 저토록 마음을 사로잡는 산나리 꽃이 된 적이 있었던가' 를 생각해 보았다. 그토록 많은 시간들 속에서 함께 한 이웃들에게 비록 꽃은 아닐지라도 내가 먼저 다가가 본적이 얼마나 있었던가를 자문해 보았다. 내가 물은 대답에 내가 자신이 없다.

그러고 보니 새해를 맞이한 지가 엊그제 같은데 벌써 한해의 절반이 훌쩍 지나가 버렸다. 이렇게 속절없는 세월에게서 우리가 얻는 것은 에누리 없이 쌓여 가는 나이일 뿐이라고 생각하면 그 나이라는 것이 결코 반가움만은 아닌 모양이다. 아마도 거기에는 보여주기 싫은 삶의 발자국마저도 선명하게 보태어지기 때문일 것이다.

하기야 지워버리고 싶은 기억 하나 지니지 않은 삶이 어디 흔하랴. 그러나 그 지워버려야겠다는 바램이 크면 클수록 그 하찮은 일이 왜 그토록 어렵던지.

가령 혼절의 아픔과 함께 한 투병의 기억만 해도 그렇다. 누가 애써 기억하기를 원하겠는가. 뜻하지 않은 불의의 재난이라든가 혹은 이별의 아픔이라든가 이루지 못한 사랑의 상처와 같이 비록 그것이 나의 잘못이 아니라 할지라도 주머니 깊숙이 지니고 싶은 일들이 못된다. 하물며 내가 가진 것들이 부족하여 남의 것을 훔쳤다거나 더구나 나의 욕심을 채우기 위하여 남의 것을 빼앗았던 기억이라면 더 말할 나위가 없다. 설령 그것이 내가 미워한 사람의 불행을 위한 잠시 동안의 기도였다 할지라도 어찌 부끄러운 흔적이 아니겠는가.

가끔씩은 지워야겠다고, 지워내어야겠다고 몇 번이고 마음 먹어 보지만 이미 그것은 예전의 그 부드러운 HB 연필 자국이 아닌 것을 어찌하랴. 나중의 일은 생각조차 하지 않고 우선 급하다고 손에 잡히는 대로 휘갈겨 쓴 사인펜이며 볼펜이며 매직 잉크였으니 얼마나 지워낼 수 있을까. 이럴 땐 인생도 찢어낼 수 있는 공책이었으면 얼마나 좋을까.

삶을 훌륭하게 사는 길은 정답만을 쓰는 일이겠지만 삶을 현명하게 사는 길은 이미 틀린 답을 고쳐 쓰는 일일 것이다. 가장 어리석은 삶은 답이 틀린 줄도 모르고 사는 일일 것이지만 삶을 가장 불행하게 사는 일은 틀린 답인 줄 알면서도 고치지 않는 삶일 것이다.

인생에는 시험가동이라는 것이 없다. 흔히 말하는 보증이라는 것도, 보장수리라는 것도 없다. 미리미리 고장이 나지 않게 사용법을 익히는 게 최선이다. 하지만 시행착오 없는 삶이 어디 있으랴. 정녕 후회 없는 삶을 살고 싶다면 지우개 하나쯤 지니고 다녀야 한다.

적당한 지우개를 준비하고 일상생활에 임한다면 마치 정신과 의사의 처방전을 지니고 다니는 것보다도 훨씬 더 효과적이다. 지우개는 제 몸을 아껴가면서 적당히 눈치를 살피지 않는다. 지우개는 내 편, 네 편을 가르는 일이 없으며 아군과 적군을 구별하지 않는다. 다만 제 한 몸 다 닳아 없어질 때까지 아픈 기억들을 지워준다.

어릴 때부터 대금을 잘 불어보고 싶었던 한 의과대학생이 있었다. 그는 의예과를 마치고 끝내 학교를 그만두고 다시 공부를 시작하여 국악과에 들어갔다. 평생의 꿈을 이룰 수 있게 된 학생은 즐거운 마음으로 정진하여 현재는 우리나라 국악계를 좌지우지하는 영향력의 소유자가 되었다. 자신이 걸어온 길을 스스로 지울 수 있는 지우개를 지녔기 때문이었다.

한 미술대학교 남자 교수가 있었다. 어릴 적 그의 꿈은 일류 요리사가 되는 것이었다. 그는 방학 때마다 요리사 자격증을 땄다. 요리를 한다는 일이, 그리하여 남에게 먹거리를 제공해 줄 수 있다는 것이 한없는 즐거움이었던 그는 끝내 학교를 그만두고 음식점 사장이 되었다. 그 또한 성공하기 위해서가 아니라 자신의 삶을 사랑하기 위해서 지우개를 사용하였다.

자신이 지나온 시간이 소중하지 않은 사람이 어디 있겠는가. 하지만 진정으로 자신을 사랑한다면 미래를 위하여 불가피한 수정을 두려워하지 않으리라.

잃어버린 지우개를 다시 찾아야 한다. 어린 날 연필 끝에 달린 붉은 지우개에다 침을 발라서 틀린 글씨를 지워본 사람이라면 알리라. 지우는 일이, 지워서 없애는 일이 얼마나 큰 기쁨이며 행복이었던가를.

인생은 되도록 지울 수 있는, 지워서 고칠 수 있는 연필로 쓰는 것이 좋다. 게다가 적당한 크기의 지우개를 함께 지닌다면 반드시 모범답안을 작성할 수 있을 것이다.

인간, 그리고 자연

아침에 일어나 창 밖을 내다보다가 흠칫 몸을 도사리게 되었다. 무엇인가가 얼른거렸기 때문이다. 가만히 내다보자니 장끼란 놈이 마당에서 열심히 먹이를 뒤적이고 있었다. 꿩이란 놈은 얼마나 경계심이 강한지 아주 작은 인기척이나 창문 안에서 뭔가가 얼른거리기만 해도 달아나는 날짐승이어서 갑자기 긴장이 되었다.

과도한 농약사용으로 인한 생식능력의 상실로 인해 농촌에서도 이미 제비가 사라진지 오래이거늘 자연산 장끼의 고운 빛을 마당에서 본다는 것은 하나의 경이驚異이자 축복이 아닐 수 없었다. 얼마나 먹이가 궁했으면 사람이 사는 마당까지 내려오게 되었나하는 측은지심이 발동되어 먹이를 뿌려줄까 싶기도 하였으나 당장은 그냥 편하게 활보하다가 가도록 피해주는 것이 더욱 급했다. 십분은 족히 꿩에게 갇혀 문을 열고 나가지 못한 일이 올해 더러 벌써 여러 번째가 되었다.

나는 꿩이 사라지고 난 뒤에도 좀처럼 움직이질 못했다. 꿩이 내 화실에 쳐들어 온 것이 아니라 어쩌면 꿩의 보금자리를 내가 사전양해도 없이 쳐들어간 것이라는 생각이 들었기 때문이었다. 원래는 꿩의 땅이었다. 그 어떤 이데올로기나 소유와 같은 데는 관심이 없는 놈이니 사람들이 줄 그어둔 국경도, 사람이 막아둔 울타리도 꿩에게는 가소로운 침범에 다름이 아닐 것이다. 아무 것도 가지지 않았으되 모든 것을 가지고 살았던 족속이 아니었던가.

마을의 반대쪽 방향으로 꿩이 날아간 빈 마당을 바라보면서 나는 잠시 생각에 젖었다. 과연 어디까지가 사람의 영역이며 어디까지가 저 같은 날짐승들의 영역인가. 과연 지상에서 살아갈 인간의 권리와 꿩의 권리는 어떻게 다른가. 다르다면 그것은 왜이며 다르지 않다면 인간은 어떤 논리로 꿩의 자유와 권리를 침탈하는가.

인간만이 땅을 소유하고 있기 때문인가. 그렇다면 인간이 목숨처럼 소중하게 간직하는 소위 땅문서라는 것은 누가 인정해준 권리인가. 인간이 인간에게 자연에 대한 소유권을 인정할 권한이 있는가. 하늘법정인가, 아니면 지상의 법정인가.

따지고 보면 사람의 일생 또한 자연 속에 무상으로 전세를 살고 있는 것이나 다름이 없다. 하지만 무상 임대라는 특약조건은 이내 잊어버리고 만다. 인간의 영악한 셈으로 계산해 보더라도 아무런 대가를 치르지 않은 채 특별 전세권을 인정받아 평생을 무단으로 점거할 뿐이다. 공동의 소유라는 인식은 애당초 배우지도 못하였다.

2년 전인가 퇴계 탄신 500주년 기념행사가 열린 적이 있었다. 그 당시 방송과 언론의 주된 슬로건이 〈세계가 퇴계를 주목하다〉이었다. 무엇 때문에 세계가 퇴계를 주목하였던 것일까. 그 이유 가운데 하나는 〈天人合一〉이라는 사상 때문이었다. 소크라테스 이래로 서양이 인간중심의 철학을 확립해왔지만 퇴계는 일찍부터 인간과 자연이 조화를 이루며 살아가야 한다는 주장을 펼쳐 왔던 것이다. 서구의 물질문명이 자연과 인간의 공존에 실패하고 지금 그 대안마련에 골몰하고 있는 점에 비추어보면 이미 500년 전에 인간이 자연과 함께 살아야 함을 가르쳐 주었다는 사실은 그 자체가 놀라움이었다. 이것이 우리의 자연관이다.

그렇다. 모습과 행동 양식은 각기 다르지만 삶은 곧 하나일 따름이다. 사슴과 풀벌레가 다르지 않으며 물고기와 새들이 다르지 않으며 사람과 꿩이 결코 다르지 않다. 자연이 무한정할 것이라는 생각은 착각이다. 생명은 스스로 살아갈 힘이 있을 때 지켜지는 것이다. 자정自淨 능력을 잃으면 모든 생명은 끝이 나기 마련이다. 갯벌이나 습지를 메워버리고 잡목림이라 하여 불태워 버린다면 그 파괴된 자연의 재앙을 가장 준엄하게 겪어야 할 존재가 바로 인간이다. 강물에서 고기가 떼죽음을 당해도, 숲이 모두 마르고 새들이 피를 토하고 거꾸러져도 사람만이 행복하게 살 수 있다고 믿는다면 그것이야말로 어리석음이요, 크나큰 재앙의 씨앗이 아닐 수 없다.

우리는 지금 신의 축복으로 얻은 생명을 담보로 이 땅에 세 들어 살고있다. 생각해 보라. 전세를 든 사람이 주인의 허락도 없이 집의 구조를 바꾸거나 망가뜨릴 수가 있겠는가. 우리는 다만 다음에 올 사람이 불편하지 않도록 원래의 모습대로 되돌려주고 이승을 떠나야 옳지 않겠는가.

행복을 위하여

굳이 아리스토텔레스의 말을 빌리지 않더라도 사람들의 한결같은 삶의 목표는 행복의 추구에 있을 것이다. 그러기 위하여 공부를 하고 그러기 위하여 돈을 벌고 그러기 위하여 땀 흘려 일을 한다. 행복하기 위하여 잠을 자고 행복하기 위하여 노래를 하고 행복하기 위하여 술을 마신다.

행복하기 위하여 고향을 찾고 행복하기 위하여 조상을 섬긴다. 하나님을 찾고 부처님을 찾는 일 역시 부처님이나 하나님을 위해서라기보다는 자신의 행복을 위한 노력일 따름이다.

어디 그 뿐이겠는가. 행복하기 위하여 결혼을 하고 행복하기 위하여 자식을 낳아 키운다. 이 또한 상대방의 행복을 위해서가 아니라 자신의 행복을 위하여 선택한 수단이다.

행복이라는 목표를 달성하기 위해서는 갖은 수단과 방편이 동원될 수 있다. 이를테면 자식이니 돈이니 지식이니 직업이니 하는 것도 행복한 삶으로 가는 하나의 수단이다. 사람들의 형편에 따라서 자식을 행복으로 가는 한 수단으로 생각하기도 하고 돈을 방편으로 생각하는 그 차이가 있을 뿐이다. 집을 산다거나 여행을 간다거나 하는 일도 마찬가지다.

그런데 대부분이 이미 집을 마련하였고 자식을 낳고 여행도 다니는데 왜 사람들은 행복하지 못한가. 문제는 지나친 목표에 대한 집착에 있다. 그리고 그 목표 또한 막연하고 맹목적인 데에 있다. 사람은 살아 숨쉬는 한 날로 살아 솟음치는 욕심을 지울 수가 없다. 그 자체는 생명체의 선善일망정 결코 악이 아니다. 그러기 때문에 행복이라는 목표 또한 일정한 기준이 없다. 누구라도 최고 목표를 쟁취하려고 노력하고 또 어디까지가 처음의 목표였는지 그 경계를 잊어버리기 일쑤다.

또 한 가지는 평등에 대한 그릇된 해석이다. 물론 사람에게는 누구나 평등한 기회와 권리를 누릴 자유가 있다. 그러나 그것은 같은 조건과 같은 능력과 같은 노력이 주어졌을 때나 적용되는 이상적 기준일 뿐이다. 하지만 사람들은 태어나면서부터 다른 환경과 다른 모습과 다른 능력과 다른 성격으로 차별화되어 있다. 따라서 이 차별화를 스스로 인정하는 것이야말로 행복으로 가는 길이요, 개인의 정체성을 살리는 중요한 지름길이 아닐 수 없다.

그러나 우리의 현실에서는 그 수단과 목표가 뒤바뀐 삶을 사는 예가 허다하다. 돈만 하더라도 그렇다. 분명 돈은 행복한 삶을 위한 중요한 수단임에 틀림이 없다. 그렇더라도 돈은 인생 자체를 바쳐가면서까지 긁어모아야할 맹목의 폭탄은 아니다. 소중한 생명을 제대로 한 번 써보지도 못할 돈을 모으는 데에 바쳤다면, 그리하여 그 돈을 안고 떨다가 죽을 일이라면 분명 불행하기 그지없는 삶에 다름 아니다.

자식은 또 어떤가? 정녕 먼저 자식의 행복을 생각하고 낳아서 기르는 부모가 얼마나 되는지 의문이 아닐 수 없다. 물론 모든 부모에게 물어본다면 그 대답은 한결같이 '자식을 위하여' 라고 말할 것이다. 자신의 분신으로 키우기 위하여 애를 쓰고 자신의 열등의식을 충족시키거나 대리만족을 위하여 공부를 강요하고 어디로 가라는 길잡이 지도 하나 없이 뒤에서 마구 내몰면서도 말이다. 정녕 자식을 위하는 길이 무엇인지를 배우지 못하였기 때문일 것이다.

누구나 최선의 노력을 다하지만 어디에도 행복은 그 실체를 드러내지 않는다. 설사 '지금은 행복하다' 라고 느낄지라도 예금이나 적금을 들어 둘 수가 없다. 행복은 빌려오거나 빌려줄 수도 없다. 행복은 언제나 가정이 보장되지 않는 현재형이다.

가난이 행복하다고 말할 수는 없지만 그렇다고 부유하다고 반드시 행복하다고 정의를 내릴 수도 없다. 행복은 결코 빼앗거나 돈으로 살 수 있는 것이 아니다. 제 아무리 평생 모은 돈을 전부 다 준다 해도 어디 가서 행복 한 근(斤)을 살 수가 없다. 행복은 자신이 마음속에서 키워나가는 나무와 같다. 끊임없이 보살피고 가꾸어야만 꽃이 피고 열매를 맺는다. 욕심이 지나쳐 물을 너무 많이 주면 썩어버리게 되고 거름을 너무 많이 주어도 웃자라서 쓰러져 버린다.

진정한 행복을 위해서라면 오늘 하루 나를 힘겹게 하고 나를 슬프게 한 모든 것들을 향하여 "그렇게라도 나의 존재를 인정해 준 것에 고마워한다"고 말할 수 있어야 하리라.

가을이 가기 전에

추분秋分을 지나 한로寒露로 치닫는 계절의 내리막길은 어찌나 그 속도가 빠른지 자칫 핸들을 놓치기 십상이다. 벼들은 이미 고개를 숙일 대로 숙였고 태풍 '매미' 가 지나간 들판이라 감나무들도 대부분 잎사귀를 떨구었다. 찌륵찌륵 풀벌레의 울음소리가 더욱 구성지게 들리는가 하면 하루가 다르게 먼 산 빛은 붉게 혹은 갈색으로 물들어가고 있다. 새들의 날갯짓이 조금씩 더 빨라지고 씨앗들은 서둘러 제자리를 찾아가기에 분주하다. 가을은 이렇게 모든 것이 본디의 자리로 돌아가는 거룩한 순례자의 모습들이다.

왠지 지난날 가까이에 있던 사람들이 생각나고 왠지 혼자라는 자각 앞에서 불안해지고 문득문득 올바르지 못했던 지난 일들이 부끄러워지고 이유도 없는 쓸쓸함에 젖어야 하는 계절이 다시 돌아온 것이다. 봄부터 씨를 뿌리고 열심히 땀 흘려 가꾼 사람은 이제 결실로써 신神의 준엄한 축복을 받을 것이며 눈가림이나 아무런 준비도 없이 세상을 오염시키고 침탈해 온 사람들에게는 혹독한 추위가 기다릴 것이다.

이제 하늘은 자꾸만 높아져 가고 냇물은 냇물대로 차가운 소리로 흐른다. 홀로 서겠다던 우리들의 꿈은 자꾸만 오그라들고 더불어 함께 하지 않으면 견뎌내지 못하는 자연의 심판 앞에 숙연히 서게 되었다. 더욱이 찬비라도 내리는 날이면 우리의 가슴은 위축되어 스스로를 보살피기에도 힘에 겨웁다. 하지만 자연은 어떤가. 조금만 세심히 살펴보면 감동이 아닌 것이 하나도 없다. 오로지 인내와 자각과 화해와 포용으로 온 천지를 메우고 있지 않는가. 거기에는 감사가 있고 거기에는 기도가 있고 거기에는 가슴 따뜻한 사랑이 있다.

바야흐로 '감동' 이라는 이름으로 식어 가는 대지의 온기를 데워야하고 '감동' 이라는 이름으로 떨려오는 육신을 지켜내어야 한다.

마음으로부터 전해지는 감동은 쉽사리 식지도 않기 때문이다. 가슴 속에서 타오르는 모닥불은 그 어떤 찬바람과 거센 비바람에도 꺼지지 않고 식지 않기 때문이다.

이맘때가 되면 나 역시 지금껏 나를 감동시킨 수많은 일들을 생각하게 된다. 그 가운데 언제나 가장 먼저 떠오르는 일이 하나 있다.

가을비가 촉촉이 대지를 적셔주고 있던 어느 날 평소 내가 따르는 국문학자이며 서예가이신 심재완 선생님으로부터 전화가 걸려왔다. "민 군, 지금 바쁘지 않은가? 비도 오는데 차나 한 잔 하지 그래." 나는 하던 일을 밀쳐 두고 서둘러 선생님 댁으로 달려갔다. 선생님은 열심히 붓글씨를 쓰고 계셨다.

"이런 계절에 꼭 맞는 시가 한 편 생각이 나서 써 보고 있는 중이네." 하시면서 이미 여러 장 써놓은 최치원 선생의 한시를 펼쳐 보이셨다. "어느 것이 좀 나은가?"하고 내게 의견을 물으셨다. 물론 내가 서예에 조예가 있는 것도 아니었지만 상대에 대한 마음의 배려로 가끔씩 선생님은 그렇게 해오셨다. 나는 이번에도 어디 출품하실 데가 있는 모양이겠거니 하고 하나를 가리키며 "선생님 이게 제일 시의 분위기와 닮은 것 같은데요."라고 거들었다. "그렇지, 역시 보는 눈은 같구먼." 하시며 다른 것들을 주욱 거두시고는 구겨서 쓰레기통에 넣어버리는 것이었다. 내가 너무나 놀라 어리둥절해하는 사이에 선생님은 "마음에 드는 것이 있으니 되었구먼."하시면서 그 글씨 앞에다 내 이름을 적는 것이었다. "자네는 시를 쓰니까 문득 자네 생각이 나서 하나 써봤네. 가지게."하고 내게 건네주시는 것이 아닌가.

물론 그 이후로도 그렇게 몇 편의 글씨를 더 받아 가슴 속에 소중히 간직하고 있다. 선생님이 주신 것은 단순히 글씨가 아니라 사람이 사람에게 무엇이며 사람을 어떻게 감동시키는가를 실천적으로 보여주신 모범답안이었다.

하지만 그 날 이후 선생님이 내 가슴에 심어주신 '감동'이라는 나무에 보다 많은 열매를 달기 위해 거름도 뿌려주고 가지도 쳐주곤 하지만 아직도 쓸만한 열매 하나 수확하지 못하고 있다. 특히 가을, 그 수확의 계절이 오면 다시 한 번 냉가슴을 앓아야 한다. 하루 속히 튼실한 씨앗을 수확해야 보다 많은 나무를 심어서 감동이라는 숲을 이룰 텐데 말이다.

우리 모두 이 아름다운 가을이 가기 전에 '감동'이라는 마음의 선물을 준비하자.

낙엽은 지건만

어느 문학상 시상식에 하객으로 참석하기 위하여 모처럼 서울나들이를 하였다. 공항에서 지하철을 이용해 광화문역에 내리자 마침 단풍잎이 곱게도 물이 들어 나그네의 발걸음을 가볍게 해 주었다. 잠시 시간적인 여유도 있었거니와 계획했던 몇 가지의 볼일을 덮어두고 한 나라의 심장부에서 물들어 가는 가을을 슬쩍 훔쳐보기로 작정하였다. 그리하여 어느 자유인이 그랬던 것처럼 그냥 가을 속으로 나를 풀어놓았다.

한 무더기 눈부신 광채가 이끄는 대로 걸음을 옮기다 보니 경복궁이 나왔고 황금의상을 겹쳐 입은 황제처럼 은행나무가 거기 있었다. 저물어 가는 가을, 황제께서도 차마 걸음을 옮기시지 못하는 듯 몇몇 시녀들에 둘러싸여 사색에 젖고 있었다.

시린 바람이 오면 한 줌, 두 줌씩 그 금빛 옷자락을 벗어 주기도 하고 깊은 침묵에 젖기도 하였다. 더러는 바람과 실랑이를 벌이기도 하고 더러는 카메라 앞에서 포즈를 취하기도 하였다.

나의 발길은 근정전과 경회루를 지나 별다른 의식도 없이 후원으로 향하고 있었다. 마침내 향원정香遠亭에 이르자 더 이상의 발걸음은 무의미하였다. 작은 연못 가운데 절묘하게 세워진 6각형의 예쁜 정자, 그 정자로 이어진 나무다리가 물 속에 잠긴 고운 단풍과 어울린 모습은 그야말로 인간이 창출해낸 신의 영역이 아닐 수 없었다.

나는 한 쪽 의자에 앉아 스케치를 시작하였다. 그림을 그리고 있는 그 잠시 동안도 단풍은 더욱 붉어지고, 더욱 짙어지고 가을도 그만큼씩 깊어가고 있었다. 그 잠시 사이에도 낙엽은 떨어지고 나무들은 빈 가지를 드러내고 있었다.

봄부터 지녀왔던 소중한 잎새들을 하나, 둘씩 자꾸만 떨어뜨리는 모습을 보노라니 어딘지 마음 한 구석이 텅 비어오는 느낌을 지울 수가 없었다. 무엇이 저리도 미련 없이, 저리도 거침없이 자신의 일부를 버릴 수 있단 말인가.

버려야만 새로운 잎새를 구할 수 있다는 근원적 진리를 나무들은 어떻게 깨달은 것일까.

집착과 마음의 증오, 어느 하나도 쉬이 버리지 못하는 내 자신과 얼마나 대조적인가. 나는 거기서 비움을 실천하는 나무들의 손을 보았다. 저 혹독한 겨울의 건너편에 서 기다리고 있는 봄의 푸른 새싹을 위하여 미리 손을 비우고 있는 모습이 나를 부끄럽게 하였다.

그렇다. 조물주는 사람에게 두 개의 손을 주었다. 두 개의 손만 있으면 사람이 이 땅에서 살아가는 데 지장이 없다는 의미가 된다. 두 개 이상의 손을 부린다는 것은 또 그만큼의 욕심이며 신이 준 섭리를 거역하는 일종의 배반에 다름 아니다. 따라서 잠시의 주저함이 없이 비울 줄 아는 손이라야만 아름다운 손이 아니겠는가.

푸른 새싹과 아름다운 단풍을 한 나무에 달 수는 없다. 한 손에 숟가락을 쥐면 다른 한 손에는 젓가락을 쥐어야 한다. 돈이 욕심이 나면 권세나 명예는 버려야 하고 명예가 소중하면 돈은 멀리할 수밖에 없다. 나머지 한 손은 몸의 균형을 잡는데 사용해야 한다. 두 손에 잔뜩 들고 가다가 넘어지면 몸을 다치기 십상이다. 아무리 욕심이 생겨도 두 손으로 쥘 수 있는 양은 그리 많지가 않다. 생각해보면 지나간 과거의 추억과 다가올 내일의 꿈 또한 한꺼번에 지닐 수는 없는 이치다.

설혹 힘겹게 일을 하여 거칠고 상처가 난 손이라 할지라도 자신의 한 몸을 지탱하는 데 사용하고 마는 손이라면 결코 아름다운 손이라고 말할 수 없을 것이다. 다친 자를 부축하는 손, 넘어진 자를 일으키는 손이라야만 손에게 부여된 임무를 제대로 완수한다고 할 것이다. 손은 결코 욕망의 도구가 아니기 때문이다.

아무런 거리낌없이 떨어지는 낙엽을 보노라면 움켜잡을 때의 이유로 버리지 못한다는 것이 얼마나 큰 어리석음인지 깨닫게 한다. 낙엽은 지건만 우리들은 그 나뭇가지 아래에 앉아서도 빈손이 왜 아름다운지를 쉬이 이해하지 못한다.

꽃은 꽃을 버려 열매를 얻는다

첫눈이 내렸다. 그것도 자신의 모습을 보여주지 않으려는 듯 밤사이에 내렸다. 마치 하얀 화선지를 펼쳐둔 듯 창 밖은 숨막히는 긴장감마저 감돌았다. 비탈에 선 상수리나무나 암벽 위에 자리잡은 소나무이거나 일체의 분별을 지우고 마치 거룩한 신의 축복에 감사하는 모습이었다. 바람도 삼가는 듯 나뭇가지 하나 흔들리지 않았다.

모든 것이 안정되어 있었고 모든 것이 평화로워 보였다. 위태롭게 서 있던 돌도 눈 속에 묻혔고 사람들이 버리고 간 오물들도 눈으로 덮여 있었다. 강의 한 가운데로 재빨리 사라진 족제비 발자국이 보이는가 싶더니 이내 사라지고 움직이는 것이라곤 넓은 강을 끌고 흐르는 나직한 물소리뿐이었다. 모든 것이 꼼짝하지 않아도 강물만이 저만의 길을 가고 있었다. 아마도 그림을 공부한 어느 화신畵神이 긋는 붓길이리라.

나는 아침 차를 한 잔 마셨다. 여간해서는 아침 차를 마실 여유가 없었지만 눈 덮인 세상과 마주앉아 있자니 차가 그 팽팽한 긴장감을 풀어줄 것 같았기 때문이다. 보통의 아침에는 커피 향이 좋지만 이렇게 신비로운 날은 영혼에도 향기가 스미는 작설차가 제격이다.

그렇게 얼마를 보냈을까. 나는 내 눈을 의심하지 않으면 안되었다. 그 잠시 동안에도 붓질은 계속되어 이미 제법 큰 벼랑도 생겨나고 묻혔던 돌부리도 일어서고 마른 풀도 나무도 제각기 자신들의 이름으로 자리매김되는 것이 아닌가. 태양이 오기 전, 나의 환상은 그러나 잠시만으로도 아름다웠다.

그렇다. 세상의 모든 것들은 저마다의 길이 있다. 물만이 생명의 중심이 아니다. 태양 또한 생명의 절대가 아니다. 물은 나무가 있어 아름다운 꽃을 얻고 나무는 태양으로 인해 열매를 익게 한다. 강은 산이 있어 영혼을 맑게 하고 산은 강이 있어 넓은 들을 얻는다. 아무리 하찮아 보이는 돌멩이 하나, 풀잎 하나라도 우주의 중심 아닌 것이 없고 반면에 서로 의지하지 않는 것이 없다.

이제 이 눈을 시작으로 세모歲暮가 오고 이어 새로운 한 해가 시작될 것이다. 다시 한번 일년을 반성할 것이고 그리고 다시 한번 일년을 설계할 것이다. 바야흐로 반성과 계획의 시즌이 온 것이다. 무수히 반복해온 일들이라 다소 식상할 수도 있지만 그렇다고 영원히 지속되기라도 하면 오죽 좋을까마는 그 또한 기약은 없고…

지나간 나의 일년을 돌아보면서 남의 이익을 보다 적극적으로 챙겨주지 못하고 방조하지는 않았는지 반성해 본다. 아무래도 새해의 계획에는 어떻게 남에게 이로운 일을 할 것인가를 우선 목표로 잡았으면 좋겠다.

극락의 문을 지키던 한 사자가 있었다. 끌려온 중생들을 시험하기 위해 긴 숟가락 하나씩과 밥을 나누어주고 나갔다. 한 무리는 남의 입에 밥을 먹여주었고 한 무리는 제 입 속으로 밥을 떠 넣기 위해 갖은 애를 쓰다가 결국 먹지 못했다. 물론 지옥행이 결정되었다.

자신을 위한 일은 가슴에 닿는 대로 그저 최선을 다하면 되겠지만 남을 위한 일은 훈련이 필요하다. 한해에 한 가지씩 만이라도 남에게 감동이 되는 계획을 세워야 할 것이다. 그렇게 50년이면 50가지의 선행이 쌓일 테니까.

다가오는 새해에는 만남을 보다 소중하게 여겨야겠다는 각오를 새롭게 해본다. 세상에서의 만남이란 결코 유익하지 않은 것은 없다. 하지만 그 만남 자체를 지나치게 의존하거나 지나치게 폄하시키는데서 문제가 생겨난다. 이기적인 생각, 욕심을 버리지 못해 있는 그대로를 봐주지 못하기 때문이다. 서로 스치기만 하여도 긁혀서 상처가 나는 경우도 있고 마주하는 것 자체로도 향기가 나는 경우도 있다.

지난날 나와 만나서, 나를 스쳐가서 긁히거나 상처를 입은 모든 이들에게 사과한다.

꿀벌이 꽃을 전혀 해치지 않고 꿀만 얻어 생명을 이어가고 대신 꽃의 영생을 도와 주듯이 새해에는 나도 만날수록 기쁨이 솟아나는 기름진 가슴을 가꾸고 싶다.

두 사람이 만날 때에는 나를 1/2만 가지고 나가리라. 만약 세 사람의 친구끼리 만난다면 나는 나의 1/3만 가지고 나가리라. 그리고 침묵도 배우리라.

세상의 모든 꽃들이 꽃을 버림으로써 열매를 얻듯이 나 또한 좀 더 나를 버리는 법을 배워야 하겠다.

넘어지지 않으면 일어나는 법을 모른다

한 엄마가 초등학교 4학년 딸아이와 함께 화실을 찾아왔다. 아이에게 속성으로 그림을 몇 개월만 좀 가르쳐 줄 수 없겠느냐는 것이 찾아온 목적이었다. 나는 아이들의 그림을 효율적으로 가르칠 준비가 되지도 못하였지만 그럴 형편도 아니라고 말할 수밖에 없었다.

그러자 그 엄마는 실망한 표정으로 이번에는 통사정을 하다시피 자신의 입장을 털어놓기 시작하였다. 워낙은 이 아이가 공부도 잘하고 어릴 때부터 바이올린을 시켜서 음악도 잘 하는데 유독 그림만은 잘 그리지 못해 점수관리에 지장이 많다는 내용이었다. 지금은 영어, 수학, 과학, 바이올린 외에도 한 주일에 한번씩 글 쓰기, 컴퓨터 교습을 받고 있는데 이제 미술 한 가지만 잘하면 여한이 없겠다는 것이다.

나는 참으로 기가 막혔다. 더 이상 말을 듣고 싶지도 않았고 어떤 말을 해주고 싶지도 않았다. 이미 남의 이야기에 귀를 기울일 자세가 아니었기 때문이었다. 지혜와 슬기를 지닌 어진 어머니의 모습은 일찍이 내다버린 지 오래인 소위 일류 병의 중증환자였기 때문이었다.

엄마의 손에 이끌려 힘없이 문을 나서는 아이의 뒷모습이 얼마나 안쓰러웠는지 나는 오후 내내 일이 손에 잡히지 않았다. 끝없는 상상력으로 자신의 영혼에 나무를 심고 꽃씨를 뿌려서 가꾸어야 할 나이에 엄마가 만든 로봇 팔처럼 움직여야만 하는 우리의 아이들! 팥쥐 엄마도 아니면서, 야전 서커스단의 조련사도 아니면서 어떻게 아이를 자신의 집착대로 사육시키겠다는 것인지 알 수가 없었다. 아이의 선택권을 철저히 빼앗아버린 채 일류로 만들어서 그 다음에는 무엇을 만들겠다는 목적인지도 알 수가 없었다. 엄마라고 해서 아이의 인권을 저렇게도 빼앗을 권리가 있는 것일까. 아니다. 그것은 분명 훌륭한 교육기회의 제공이라는 이름으로 자행되는 아동학대에 다름이 아니었다.

아이를 통하여 자기 열등감을 보상받고자 하는 엄마가 어디 이 하나 뿐이겠는가. 아직 이도 나지 않은 아이에게 부모가 맛있다고 고깃덩어리를 먹인다면 그 결과가 어떻게 되겠는가. 음식도 과하면 소화불량에 걸리게 되고 지식도 소화를 시키지 못하면 정서장애를 일으키기 마련이다.

원래 교과서에는 3류가 없다. 3류를 가르치지 않는다. 물론 2류도 없다. 다만 1류만이 존재할 뿐이다. 교과서의 논리대로라면 2류와 3류는 1류를 위하여 열심히 박수를 쳐야할 존재에 지나지 않는다.

그러나 세상의 현실은 어떤가. 1류 보다는 2류가 더 많고 2류 보다는 3류가 더욱 더 많다.

또 그렇게 구성되어야만 사회가 온전히 지탱될 수 있다. 모두가 일류만 고집한다면, 그리하여 기계적이고 획일적인 특정 부위의 가치만을 높게 평가한다면 그 사회는 부실한 하체를 지닌 공룡처럼 쓰러지고 말 것이다.

우리는 아직도 '모두가 나라의 동량棟樑이 되라' 고 하던 초등학교 졸업식 훈시를 기억하고 있다. 모두가 기둥이고 들보가 되면 서까래는 어디서 구하고 땔나무는 어디서 얻는단 말인가. 못 생긴 나무가 산을 지키는 법이다. 풀은 풀대로 나무는 나무대로의 존재의 가치가 있다. 멸치더러 왜 꽁치가 아니냐고 나무란다면 그것은 자연의 철리哲理에 대한 모독일 뿐이다. 지금은 다양화의 세상이다. 엑스트라가 없는 주인공은 있을 수가 없다.

많은 사람들이 동쪽으로 갈 때 서쪽으로 가는 사람도 있어야 한다. 많은 사람들이 열매를 거둘 때 씨를 뿌리는 사람도 있어야 한다. 많은 사람들이 환희에 젖을 때 홀로 슬픔의 눈물을 흘리는 사람 또한 있기 마련이다. 교과서에서는 가르치지 못하는 이러한 모습들은 가정에서 가르쳐야 한다. 식구食口란 무엇인가? 밥을 함께 나눠 먹는 사람들이 아닌가. 하지만 지금 우리네 부모들은 오히려 교과서보다 더 교과서적으로 가르치려고 한다.

넘어지는 것 자체를 원천적으로 봉쇄하려고 한다. 넘어지지 않으면 일어나는 법을 모른다. 하지만 그런 걱정은 안중에도 없다. 장차 무엇을 만들 요량인지 가늠이 되지 않는다.

넘어지는 것이 두려우면 자전거를 타지 못한다. 물먹는 것이 두려우면 수영을 배우지 못한다. 실패가 두려우면 결코 성공하지 못할 텐데 말이다.

봄을 기다리며

입춘을 지나기가 무섭게 뜨락의 나무들이 갑자기 수런거리기 시작하였다. 마치 수화手話를 나누듯 지난 겨울동안의 고통과 다가올 희망에 대하여 나지막한 목소리로 말하고 있는 듯이 보였다.

조금은 너그러워진 바람 때문인지 매화 꽃봉오리가 마치 허공을 걸어다니기라도 하는 것 같았다. 혼자 매서운 겨울바람을 이겨낸 자만이 누릴 수 있는 축복의 꽃등燈이 불을 밝힐 준비를 하는 모양이었다. 목련은 목련대로 휘인 붓을 바투 세워 격조 높은 문인화 한 폭을 구상하고 울 너머 플라타너스 가지 끝에서는 까치 한 쌍이 지난해 무너져 내린 지붕을 열심히 손질하고 있었다. 모두가 제각기 무엇인가를 열심히 준비하느라 여념이 없었다. 이제 곧 찾아올 새들과 나비와 벌들과 같은 손님을 위하여.

"기다리지 않아도 오고 기다림마저 잃었을 때도 너는 온다"고 한 어느 시인의 싯구처럼 봄은 누구에게나 예외 없이 찾아온다. 하지만 준비하지 않은 사람에게는 그냥 영화 속의 한 장면처럼 스쳐지나갈 것이고 준비한 사람에게는 오래오래 간직될 것이다. 화분을 준비한 사람에게는 활짝 핀 꽃향기를 줄 것이고 씨앗을 준비한 사람에게는 열매를 줄 것이고 사과나무를 준비한 사람에게는 사과를 줄 것이다. 물론 그물을 준비한 사람에게는 햇살처럼 눈부신 물고기를 준비하고 기다려줄 것이다.

이제 봄이 오면 텃밭에 상추 씨를 심어야 한다. 쑥갓 씨도 심어야 하고 씨나락도 뿌려야 하고 채송화 씨앗도 뿌려야 하고 나팔꽃도 심어야 한다. 매화나무도 심어야 하고 감나무며 복숭아나무도 심어야 하고 은행나무도 심어야 한다.

당장에 빨리 먹고 말려면 봄나물을 심어야 하겠지만 여름도 대비해야 하고 가을걷이도 준비를 아울러야 한다. 백년을 겨냥하여 감나무도 심어야 하고 천년을 겨냥하여 은행나무도 심어야 한다. 내가 먹지 않으면 어떠랴. 지상의 누군가를 위하여 지금 준비를 서둘러야 한다. 옛 조상들은 딸을 낳으면 오동나무부터 심었다고 했다. 20년 뒤를 준비하는 아버지의 마음이었다. 오늘 당장 나에게 무엇이 되지 않는다고 그것의 의미를 부정해서는 안 된다.

그렇다. 시간이 나를 위해 무한정 기다려주지 않는다. 마음이 시린 날은 꽃씨를 뿌려야 하고 마음이 조급한 날은 소나무를 심어야 한다. 마음이 가난한 날은 굵은 콩을 심어야 하고 마음이 외로운 날은 믿음이라는 씨앗을 심어야 하리라.

시간은 언제나 준비한 자의 몫이다. 봄이 오고 난 뒤에 씨앗을 찾으면 이미 늦었다. 준비를 해두지 않은 사람에게는 1퍼센트의 기회마저도 주어지지 않는 것이 자연이 준 교훈이 아니겠는가.

꽃나무에게는 계산이 없다. 풀들에게는 위선이 없다. 자신이 볼 것도 아니면서 자신이 아는 한 세상에서 가장 아름다운 모습으로 화장을 한다. 하지만 상대방을 감동시키기 위한 감동을 계산한 그 어떤 일시적인 속임수도 사용하지 않는다.

겨울이 기다림의 계절이라면 봄은 생명의 계절이요 소생의 계절이자 창조의 계절이다. 이제 머지않아 대지는 희망의 옷으로, 생명의 옷으로 갈아 입을 것이다. 매화, 개나리, 산수유, 벚꽃, 진달래, 사과꽃, 이팝꽃, 산나리, 은방울꽃, 자운영 등 제각기 부여된 순서대로 왔다가 갈 것이다.

봄은 여리고 봄은 가늘고 봄은 순진하다. 간교한 샛바람만 와서 꼬드겨도 금세 흔들린다. 봄은 그러나 질기고 봄은 그러나 완강하다. 일년의 양식을 자라게 하고 천 년의 두리기둥을 자리잡게 한다.

봄은 앉아서 맞는 것이 아니다. 하지만 정작 봄이 언제 어디서 와서 어디로 가는지 알 수가 없다. 다만 시냇물 소리가 가까이 들리면 봄도 멀지 않은 것이리라 짐작하고 산새소리 유난히 경쾌해지면 봄이 보다 가까운 것을 알면 되리라. 봄은, 묵은 외투를 벗어 던지고 밖으로 나가서 맞아야 한다. 실비라도 내린다면, 그리하여 거칠어진 마음을 가로질러 냇물이 흐르고 잠든 영혼에도 새움이 돋는다면 더욱 좋으리라.

어머니 면허증

최근 한 텔레비전 시사 프로그램에 다뤄졌던 사건 하나가 자꾸만 뇌리를 떠나지 않는다. 내용은 한 사십대 어머니가 스무 살의 아들과 열 여덟 살의 딸에게 현장에서 직접 도둑질을 시키다가 함께 절도죄로 붙잡힌 사연이었다. 그러나 이 사건은 출발이 어디서부터였으며 동기가 무엇이었는가 하는 진실게임에 있지 않다. 물론 자식에게 도둑질을 가르쳤다는 그 도덕성의 붕괴도 놀랍지만 이 땅에 어머니라는 존재의 상실이 눈앞의 현실로 다가오고 있다는 사실이 더 큰 충격이었다.

더욱 놀라운 일은 이미 성인인 아들은 엄마를 위하여 무엇인가를 해주고 싶었고 딸아이는 처음엔 엄마를 말려보다가 그냥 시키는 대로 엄마를 따르기로 했다는 그 마음가짐에 있다. 옳은 일과 옳지 못한 일을 구별하는 능력이 부족해서가 아니라 잘못 된 일인 줄 알면서도 엄마가 시킨 일이니 주저 없이 쉽게 범행을 따르게 되었다는 것이다. 여기서 학교의 교육은 무엇이었으며 사회의 규범들은 또 무엇을 위한 장치였는지 되묻지 않을 수 없다.

자동차 면허증처럼 자격증제도가 있었다면 사법처리와는 별도로 이 어머니는 당장 면허정지 조치를 당했을 것이다. 아니 취소를 당했을 것이다.

요즘은 면허증의 시대요, 자격증의 시대다. 그 흔하디 흔한 것이 자격증이지만 만약 어머니 면허증이 있다면 얼마나 많은 이 땅의 어머니들이 면허증을 취득하게 될까를 생각해본다. 어쩌면 면허증을 따는 것까지는 대부분이 성공할 수 있으리라. 하지만 많은 어머니들이 이내 어머니 면허증이 정지되거나 취소되어 무면허 상태가 되지 않을까 싶기도 하다.

한 사람의 생명이 태어나서 가장 먼저 만나는 선생님은 바로 어머니이다. 고슴도치도 자기 새끼 귀여운 법이라 했거늘 누구라도 자기 자식 소중히 키우고 조건 없는 사랑을 다해 가르치려 할 것이다. 그렇다면 무엇이 무면허 어머니와 면허증 어머니를 갈라놓을까. 그 대답은 그러나 간단하다. 무면허 어머니는 자신을 위하여 열심히 공부하라고 훈계할 것이고 면허증을 지닌 어머니는 남을 위하여 열심히 공부하라고 타이를 것이다.

어머니는 처음이자 마지막 존재이다. 어머니의 영향이란 실로 절대적이라고 해도 지나친 표현이 아니다. 같은 아이를 두고 미국의 어머니가 키우면 영어로 말하게 되고 한국의 어머니가 키우면 한국말을 하게 된다. 미국의 어린이를 북한에서 키우게 되면 성조기에 돌을 던지게 될 것이고 아무리 살구나무라 할지라도 매화를 접붙이면 매화꽃을 피우기 마련이다.

어머니는 첫째도 어머니요, 아흔 아홉에도 어머니여야 한다. 어머니는 어머니가 아니면 정말 아무 것도 아닌 그런 사람이어야 한다. 어머니가 포기하면 기댈 곳이 없다. 희망이 사라지게 된다. 혹시나 올지도 모르는 손님을 위하여 항상 따뜻한 밥 한 그릇을 아랫목에 마련해 두던 조선의 어머니로 돌아가야 한다.

무관심으로 내팽개치는 일도 걱정이지만 요즘은 오히려 지나친 집착이 화근이다. 게다가 아이에게 자신이 부족하였던 부분을 채워주는 대리만족의 로봇쯤으로 생각하는 일종의 병리현상이 만연하고 있으니 무서운 일이 아닐 수 없다.

꽃향기를 맡으려면 적당한 거리가 필요한 법이다. 또 정말로 훌륭한 어머니는 자식을 가르치지 않는다 했다. 다만 보여줄 뿐.

지금껏 우리네 어머니 상은 유교적 전통이 부여한, 소위 삼종지도三從之道라는 윤리관으로부터 많은 부분 빚져온 것이 사실이다. 아버지를 따르고, 남편을 따르고, 아들을 따르는 이러한 자기 희생적 삶이 한석봉 어머니를 낳았고 신사임당 어머니를 낳았고 율곡의 어머니를 낳아 훌륭한 어머니의 본보기가 되었다. 이것이 우리의 과거사였고 싫든 좋든 오늘의 우리를 있게 한 근거임을 부정할 수가 없다.

하지만 급격한 산업화와 경제성장은 우리 어머니들의 생각을 바꾸어 놓았다. 교육열이 일어나기 시작하였고 아이를 통한 보상심리가 지나친 치맛바람과 과외경쟁을 부추겨 자랑스러운 우리네 모성애를 잃어버리기 시작하였다. 잃어버린 것이라면 찾기라도 할 수가 있겠는데 스스로 버린 일들이었으니 제자리 찾기 또한 만만치가 않을 것 같다.

그러나 어머니의 무조건적인 사랑은 아무리 시대가 바뀌어도 유효한 것이다. 어머니는 우리를 탄생시킨 자연이며 꿈이며 돌아가 안길 고향이다. 책에서는 배울 수 없는 지혜와 슬기가 항상 충만하도록 준비해야 할 것이며 자애로움과 희생적인 보살핌을 자랑스럽게 생각해야 할 것이다. 어머니는 아직도 감동 받을 수 있는 가장 첫 번째의 단어이기 때문이다.

나를 버려야 **내**가 보인다

04

지금은 촛불을 켜야할 때 — 사이비 — 뿌리깊은 나무는 바람에 아니 뮐세 — 차의 맛, 차의 마음 — 월인천강 — 그물에 걸리지 않는 바람처럼 — 가을은 남자의 계절 — 이미 떠난 사람을 보내지 못하는 까닭은 — 언제나 처음처럼 — 나를 버려야 내가 보인다

지금은 촛불을 켜야할 때

누군가를 위하여 무엇을 준비한다는 것은 아름다운 일이다. 누군가를 위하여 자신을 버린다는 것은 거룩한 일이다. 누군가를 위하여 촛불을 준비하는 사람은 현명한 사람이다. 누군가를 위하여 촛불을 켜는 사람은 지혜로운 사람이다.

하지만 아름답기 위해서도, 거룩하기 위해서도, 현명하기 위해서도, 지혜롭기 위해서도 아닌 채 아무런 조건 없이 자신을 태우는 촛불은 무엇인가. 자신을 밝힐 것도 아니면서 생명을 태워서 남을 환하게 하는 촛불의 일생은 봉사요, 헌신의 상징이다.

「촛불!
심지에 불을 붙이면
그때부터 종말을 향해 출발하는 것이다.」

황금찬 시인의 「촛불」에 나오는 구절이다. 단 한 순간의 휴식도 정해져 있지 않은 채, 그 어떤 예고된 시간도 없이 오로지 종말, 생명이 다하도록 자신을 태우는 촛불은 마치 깨달은 자의 실천과 다르지 않다. 촛불은 어둠과 밝음의 다리를 이어주고 그리운 자들과 기다리는 자들과의 길을 이어주고 사람과 신과의 간격을 좁혀준다. 생명과 생명이 다한 자들과의 대화를 가능하게 하고 사악한 자들의 영혼을 맑게 해주고 두려운 자들의 가슴을 포근히 감싸 안아준다.

아무리 밝은 전깃불이라도 밝힐 수 없는 마음의 구석구석을 촛불은 환하게 밝혀준다. 아무리 깊이 감춰둔 허튼 생각이라도 촛불은 드러나게 하며 아무리 감쪽같은 가식일지라도 촛불 앞에 서면 더 이상 감출 수가 없다. 촛불은 언제나 숨길 것은 숨겨주고 드러낼 것만 드러내서 천금, 만금의 보석으로도 닿을 수 없는 신비의 세상으로 인도해준다.

주어진 시간들을 주체할 수 없을 때 나도 가끔씩 촛불을 켠다. 시를 쓰는 일에 진전이 없거나 그림마저도 뜻과 같지 않을 때 강변을 걷다가 돌아와 키가 작은 촛불을 켜곤 한다. 돌이킬 수 없는 운명 앞에서도 항상 즐겁게 춤을 추면서 자신을 거두어들이는 촛불의 모습을 보고 있노라면 순간 숙연해지고 하루의 복잡했던 생각들이 하찮게 여겨진다.

다시는 돌아올 수 없는 시간 속으로 자신을 태워서 얻는 한 줄기의 빛! 가느다란 촛불 속에서 나는 문득 되돌릴 수 없는 시간을 태워서 지금 이 순간을 얻고 있는 나의 모습을 만난다. 저 흔들리고 불안해 보이기만 하는 목숨을 향해 언제 어느 난폭한 바람이 불어와 훅! 꺼져버릴지도 모른다는 생각에 미치면 다시 한번 풀어 흐트러진 내 생명의 고삐를 다그치게 된다.

생각하면 사람의 한 평생도 한 자루 촛불의 운명과 결코 다르지 않다. 사실 부모로부터 무상으로 생명을 건네 받은 사람의 탄생과 최초로 심지에 불씨를 건네 받은 촛불은 흡사한 데가 많다. 중심을 잡지 못하고 쓰러져 버리거나 예기치 않은 바람을 만나면 도중에 꺼져버리기도 할 것이다. 사람들은 모두 그 불확실성에 대하여 불안해하지만 촛불은 한 치도 저어하지 않는다. 실제로 완전히 다 타서 세상을 마치는 초가 몇이나 되랴만 촛불은 촛불로서만 행복한 삶을 지켜갈 뿐이다.

오늘 내가 허용 받은 십 분, 한 시간은 리필 받을 수 없는 생명의 일부분을 떼어준 대가에 다름이 아니다. 결코 재생이 불가능한 시간을 잘라서 쓰고 있음에도 안타까워하지 않는 것은 우리의 생명의 실체가 촛불처럼 눈에 드러나지 않기 때문일 뿐이다.

촛불처럼 살고 싶다. 망설이고 주저하고 괴로워 할 시간이 어디 있으랴. 결코 자신에게 소용됨이 없으면서도 세상을 환하게 밝히는 촛불이고 싶다.

우리는 누구나 남을 위한 삶을 살아야 한다고 배워왔다. 그리고 또 그러한 삶이 아름답다는 데에도 동의하고 있다. 하지만 정작 자신의 소중한 부분을, 자신의 절대적인 부분을 남에게 나누어주고 기쁜 마음이 된다는 것은 말처럼 그리 간단하지가 않다.

마음에 바램이 간절할 때 누구나 촛불을 켜자. 마음이 미혹하여 어둠에 휩싸일 때, 가깝던 사람의 배신으로 증오가 차 오를 때, 갑자기 길 위에서 가던 길을 잃었을 때, 그 때는 촛불을 켜자. 하나의 촛불이 둘이 되고 다시 셋이 되고 이어서 백이 되고 천이 되어 온 세상을 밝히게 되길 기원하자. 그 기원 위에 우리의 삶을 맡기자.

지금은 촛불을 켜야할 때, 세상 일 힘에 겨울 땐 촛불을 켜자. 지금은 촛불이 중요한 시위의 도구, 항의의 수단으로 쓰이고 있지만 그것은 촛불의 참뜻이 아니다. 자신의 결백을 밝힐 것도 아니면서 이 세상 한 줄기 희미한 빛과 목숨을 바꾸어버리는 촛불을 켜자.

사이비

어느 텔레비전 방송에 출연했던 산골 소녀가 그를 돕겠다고 자처한 사람에게 모든 것을 빼앗겨버린 일이 있었다. 어느 귀순용사가 후원을 가장한 동업자에게 역시 모든 것을 잃어버린 일도 있었다. 구세주 같아 보였던 어느 교주의 말을 믿었다가 일생을 망쳐버린 사례도 흔히 있었다. 국민이 준 권리라며 대통령을 몰아내고자 한 사람들도 하나 둘이 아니었다.

모두가 속은 탓이다. 물론 속은 사람이 어리석었다고 말해버릴 수 있으나 충분히 속을 만한 이유가 있었음도 간과할 수가 없다. 너무나 진짜와 흡사했기 때문이다. 목사보다 더 목사답고 변호사보다 더 변호사 같고 애국자보다 더 애국자 같았기 때문이다. 이처럼 겉으로는 흡사한데 실제로는 같지 않은 것을 일컬어 사이비似而非라 한다. 하지만 사이비란 말은 중국의 전국시대부터 사용되어 왔으니 어제오늘 생겨난 말이 아니다.

어느 날 만장萬章이 스승 맹자孟子에게 물었다.

"한 마을의 모든 사람이 다 훌륭한 사람이라고 칭찬한다면 그 사람은 어디를 가나 훌륭한 사람일 것인데 어찌하여 공자께서는 그들을 '향원鄕原으로 덕을 해치는 도둑'이라고 말씀하셨는지요?"

맹자는 진지하게 대답하였다.

"그들은 꼭 집어서 비난할 것이 없고, 공격하려해도 공격할 빌미를 남기지 않았으나 세속에 아첨하고 비리에 합류하는 자들이니라. 집에서는 충성심과 신의를 내세우고 나가면 청렴과 결백을 자랑하여 사람들이 다 좋아하도록 하고 자신들의 삶이 옳다고 믿으니 그들과는 요순堯舜의 도에 함께 들어갈 수가 없는 경우이니라. 그리하여 공자께서는 '사이비한 것(似而非者)을 미워하셨느니라.

즉 말을 잘하는 것을 미워하는 까닭은 정의를 혼란시킬까 두려워서 이고, 말이 많은 것을 미워하는 까닭은 신의를 혼란시킬까 두려워서 이며, 정鄭나라 음악을 미워하는 것은 아악雅樂을 혼란시킬까 두려워서 이다. 마찬가지로 향원을 미워하는 것은 그들이 덕을 혼란시킬까 두려워서 이다."

『맹자孟子』의 「진심盡心편」에 나오는 이야기다. 이처럼 겉으로는 분간하기 어려울 만큼 비슷하나 실제로는 전혀 다른 경우를 우리는 사이비라고 한다. 어찌 보면 사이비가 더 선량해 보이고 더 진짜 같아 보이기 때문에 여간해서는 분별하기가 어렵다.

좋은 시를 못 쓰는 사람일수록 더욱 더 나서기를 좋아하고, 그림 그리기에 게으른 화가일수록 언론 플레이를 잘 하고, 실력 없는 선생일수록 입심이 좋고, 부실한 제품일수록 마케팅으로 소비자들을 사로잡으니 바야흐로 지금은 사이비들의 천국이나 다를 바가 없다. 우리 속담에 빈깡통이 더욱 시끄럽다고 했던가. 스님보다 더 스님답고, 교수보다 더 교수답고, 성형으로 뜯어고친 얼굴에다 짙은 화장까지 하여 미인행세를 하는 사람, 그리고 그렇게 성형을 부추기는 의사, 때로는 간교를 부리다가도 어느새 어리석은 체 하는 천의 얼굴을 천의 마음으로 간파한다는 것은 사실상 쉽지가 않다. 왜냐하면 나의 욕심이 이미 그 부추김을 원하고 있기 때문이다.

그러면서도 사이비에 대한 경계와 진짜에 대한 갈망은 우리들이 즐겨 쓰는 언어 속에 이미 깊숙이 배어있다. 참꽃, 참나무, 참깨, 참새, 참나리, 참말에다가 요즘은 사랑도 참사랑으로 구분하고 소주마저도 참소주라고 해야 마시니 말이다.

사이비가 판을 치는 사회는 미래가 없다. 사이비를 몰아내는 방법은 진짜가 진짜의 중심에서는 일이다. '잘난 척 하는 사람'에게 유혹된다는 것은 나 자신이 '잘난 줄 아는 사람'이기 때문일 수도 있다.

노블레스 오블리주가 세간에 부쩍 회자되고 있는 오늘날이다.

우리는 우리사회를 이끌어 나가는 지도자나 공직자들이 보통시민보다 그 자질이나 도덕성에 있어 더 탁월하기를 기대한다. 그래야 보통시민들은 그를 믿고 따르게 될 것이기 때문이다. 귀족은 귀족의 자질과 귀족의 의무를 행할 수 있는, 즉 귀족다운 자질을 갖춘 자만이 될 수 있어야 한다. '귀족에게는 귀족의 의무'(노블레스 오블리주)야말로 오늘날 우리에게 가장 절실한 가치덕목이 아닌가 생각된다.

뿌리 깊은 나무는 바람에 아니 뮐세

내 작업실 마당에는 세 그루의 소나무가 있다. 세 그루의 모과나무와 아홉 그루의 매화나무가 자라고 있다. 그들과 어우러져 벚나무가 있고 이팝나무가 있고 배롱나무와 은행나무와 산수유, 목련, 수수꽃다리, 석류 등이 적당하게 자리잡고 있다. 모두가 나의 분신들이다.

언제부터 내가 나무에 대하여 특별한 관심을 기울여왔는가는 분명하지가 않다. 하지만 전원으로 화실을 옮기면서 화실의 별호別號를 〈목언예원木言藝苑〉이라 이름하였고 나무의 말(木言)에 귀를 기울였던 것만은 확실하다. 아마도 한 그루의 나무에도 우주의 모든 이치가 담겨져 있다는 뒤늦은 자각과 그에 대한 부끄러움이 같은 시기에 일어나지 않았나 생각된다.

나무, 그 이름만 불러보아도 초록빛 재잘거림이, 샛노란 보채임이 다가올 것만 같다. 사실 자크 부로스가 그의 저서 『나무의 신화』에서 한 '나무도 영혼이 있다'는 말을 굳이 떠올리지 않더라도 언제나 나무 앞에서는 함부로 할 수가 없다. 나무는 깨달음의 백과사전이기 때문이다.

나무는 항상 집 떠난 수행자의 모습이다. 때로는 푸른 가사를 걸치고 때로는 헐벗은 채로 혹한에 몸을 맡긴 거룩한 성자의 모습이다. 선 채로 죽음의 고요에 이른 고사목 앞에 서면 마치 해독하지 못한 경전 앞에 선 것과 같다.

누가 '흔들리지 않으면 나무가 아니다' 라고 하였던가. 연약한 나뭇가지가 바람에 수도 없이 흔들리되 꺾이지 않는다. 바람을 긍정하기 때문이다. 바람을 사랑하기 때문이다. 감당할 수 없는 바람은 미련 없이 흘려보낸다. 사람들이 감당할 수 없는 욕심에 짓눌려 삶의 헤쳐 나오기 힘든 수렁에 빠지는데 비하면 얼마나 깨달은 자의 모습인가.

나무는 또한 자신과의 약속에 철저하다. 달력을 걸어두지 않아도 새싹을 틔울 시간에 새싹을 틔우고 꽃을 보여주기로 한 시간에는 어김없이 꽃을 피워준다. 솔잎은 암녹색으로, 이팝나무 잎사귀는 연둣빛으로, 석류꽃은 순도 높은 주황빛으로 우리가 느끼지 못하는 우주의 실상을 전해주고자 한다. 사람은 남에게 보여주기 위하여 사랑을 노출시키지만 나무는 헛된 연기를 하지 않는다.

나무는 반드시 받은 만큼 되돌려 준다. 정성이라는 손길을 주면 휴식이라는 그늘을 주고 사랑이라는 물을 주면 희망이라는 꽃을 준다.

나무는 또한 버리는 일에도 일말의 머뭇거림이 없다. 주저함이 없다. 잎 푸른 한 때의 성취감도, 열매 익은 한 때의 영화도 집착하지 않는다. 낙엽이 지는 것을 보면 알리라. 연초록 새싹으로부터 숨가쁘게 땀 흘려온 그 오랜 수고도 전혀 아까워하지 않는다.

백 번을 참으면 백 번을 이기고 천 번을 참으면 천 번을 이기는 지혜를 알고 있다. 그러면서도 자기를 베어 눕히는 톱날에다 차라리 향기를 흠뻑 묻혀주는 것을 보면 어찌 부끄럽지 않겠는가.

나무의 주변을 서성이다가 보면 문득 붓을 들기가 두려워질 때가 있다. 그림을 그리는 일이나 시를 쓰는 사람은 하늘의 뜻과 세상의 소리와 자연의 마음을 전하는 우체부와 같은 사람이다. 그런데 하늘의 뜻을 알아내고 세상의 소리를 분별하고 자연의 마음을 읽어내려면 지극히 순수한 가슴을 지니지 않으면 안 된다. 그렇지 않으면 전달하는 내용이 뒤바뀔 수가 있다. 만약 부고를 전해야할 집에 청첩장을 전하고 청첩장을 줘야할 집에는 부고장을 주었다고 가정해 보

라. 나는 언제쯤에나 나무의 말을 제대로 듣고 제대로 전할 것인지.

만나서 기쁨이 되고 만나서 위안이 되고 만나서 축복이 되는 대상을 곁에 두고 살 수 있다는 것은 정녕 행복한 사람이다. 그러나 그 기쁨도, 행복도 나무와 같아서 저마다의 가슴속에서 키울 수가 있으리라. 적당한 물과 적당한 바람과 햇빛과 별빛으로 굵고 튼실한 열매를 맺게 할 수가 있으리라.

> 뿌리깊은 나무는 바람에 아니 뮐세 꽃 좋고 열매 많으며
> 샘이 깊은 물은 가뭄에 아니 그칠세 내를 지나 바다에 이르나니

용비어천가龍飛御天歌 제2장 근심장根深章에 나오는 구절이다. 물론 조선의 영원한 발전을 기원하는 내용의 문학적 표현이지만 오늘날에 이르러서도 간담을 서늘하게 할 만큼 그 울림이 깊고도 크다.

바람에 넘어지지 않는 뿌리깊은 나무, 내 죽으면 정녕 한 그루 뿌리깊은 나무가 되고 싶다.

茶의 맛, 茶의 마음

태풍이 지나간 텅 빈 하늘을 마치 성자의 모습처럼 뚜벅뚜벅 걸어서 건너는 달의 모습이 오늘 따라 더욱 경건해 보이는 밤이다. 누가 이런 날을 혼자 차 마시기에 좋은 날이라 했던가. 나는 찻물이 끓기를 기다리며 저벅저벅 어둠을 찍어내는 소쩍새 소리로 가슴에 쌓인 피로부터 털어 내었다. 마음의 먼지도 함께 털어 내었다. 따스한 차의 길을, 차의 마음을 열어주기 위해서다. 마침내 한 모금 한 모금 대홍포의 상큼한 향이 온 몸으로 번져 나간다.

사실 나는 차를 잘 모른다. 차인들이 보면 사이비에 지나지 않을지 모른다. 그냥 마음이 가는 대로 마실 뿐이다.

오늘 밤 같이 현묘한 달빛 아래에선 대홍포를 마시고 비가 오거나 마음의 눅눅한 날에는 보이차를 마신다. 창밖으로 새소리가 드맑은 아침에는 우전雨前을 마시고 지나간 시절이 그리운 날은 동정 오룡이나 동방미인을 마신다. 그러다 마음의 길을 잃어 주변이 어두울 때는 차라리 고정차苦丁茶를 마시기도 하고 햇살이 눈부시게 고운 한낮엔 티벳의 고원에서 만든 홍차를 마시기도 한다. 말하자면 내가 차를 쫓아다닌다는 표현이 어울릴지 모르겠다.

물론 나름대로의 계산과 이유는 있다. 대홍포는 다양한 맛의 깊이와 변화의 매력 때문이고 보이차는 기나긴 시간에 잠들어 있는 바람과 별빛을 만나기 위해서이고 우전은 투명한 속내를 드러낸 빛깔에서, 오룡이나 동방미인은 깊고 은은한 향기에 취해 마시게 된다. 고정차는 깊고 깊은 어둠의 깊이에 닿아보기 위해서 마시고 티벳 홍차는 초월과 자유의 기운을 얻기 위하여 마신다.

그렇게 분위기에 따라 차를 선택하다보니 자연히 차의 맛에 관해서도 언제나 초보의 수준이다. 하지만 좋은 차에는 첫 키스와 같은 여운과 향기와 감동이 묻어 나온다. 한 모금 한 모금 마실 때마다 보다 더 깊은 순수의 호수 속으로 나아가게 된다. 방금 전까지만 해도 머리를 짓누르던 슬픔이나 마음의 분노, 괴로움을 잊게 하고 탐욕이 뒤엉킨 호흡을 진정시키고 점차 미망으로부터 벗어나게 한다.

결국 차의 맛은 마시는 사람의 마음에서 비롯된다. 값이 비싸다느니 귀하다느니 등등의 차 밖에 있는 것이 아니라 차 안에 있다. 명품이니 극품이니 하는 차의 포장에 있는 것이 아니라 모든 찌꺼기를 말끔히 가라앉힌 맑은 마음이 차의 맛을 좌우한다.

차를 마실 때는 되도록 차에 관한 얘기는 많이 하지 않는 게 좋다. 물론 오랜 차생활을 한 사람들이라면 다르겠지만 일천한 지식을 자랑삼거나 차별을 두려는 우월의식이 찻잔에 묻어나면 차맛을 버리기 십상이다. 상대에 대한 배려와 겸손이 전제되지 않은 지식은 차가 가장 경계하는 근심이다.

가끔씩 주변에서 보면 차를 귀천으로 마시고 차를 돈으로 따져서 마시는 경우를 겪게 된다. 그러나 사실은 얼마나 귀한 차라든가 얼마나 비싼 차라든가 하는 설명은 차의 맛이나 차의 향기와 전혀 관계가 없다. 이는 결국 차에 대한 모독이자 생명의 경건함에 대한 약탈이 될 뿐이다.

차의 마음은 헌신獻身에 있다. 왕후장상이나 농투산이거나 한결같은 빛과 한결같은 맛을 바친다. 사람과 마찬가지로 좋은 차에서는 향기가 나고 좋지 못한 차에서는 역겨운 냄새가 나지만 차가 사람을 차별하지는 않는다. 차는 열 길을 원하는 사람에게는 열 길의 사색을 주고 천 길을 원하는 사람에게는 천 길의 사유를 준다.

다도라는 것도 마찬가지다. 속박에서 벗어나게 하는 마음의 수양이요, 번뇌와 망상에서 깨어나 밝고 맑은 마음을 되찾게 하는 질서

이리라. 행다行茶 또한 수단이지 결코 목적이 아니다.

당나라 조주 지방에 있는 관음사에 종심이라는 선승이 살았다. 조주 지방에 오래 살아 세인들은 그를 조주선사라 불렀다. 조주선사가 한 객승에게 물었다.

"여기는 처음 왔는가?"

객승이 그렇다고 하자

"차나 한잔 마시게.(喫茶去)"라고 차를 권했다.

곁에 있던 다른 스님이

"저는 온 적이 있습니다."라고 하자

"너도 차나 한 잔 하게."라며 차를 권했다. 곁에서 보고 있던 다른 스님이

"스님은 어째서 대답이 다른데도 꼭 같이 차를 권하십니까?"하고 따지자

"너도 차나 마시게."라고 차를 권했다. 이름하여 소위 〈끽다화두〉의 한 대목이다.

마음의 속기와 욕망을 버린 채 마시는 차 한잔, 그것을 조주선사 종심은 도道의 출발로 보았던 것이다. 차를 마신 후에 맑아지는 정신을 정견正見의 지름길로 생각했던 것이다.

월인천강

月
印
千
江

무더운 여름일수록 상대적으로 시골의 밤은 시원하다. 마치 높은 산이 깊은 골짜기를 지니는 것처럼. 달 그림자 하나면 길고 지루했던 한낮의 고통도 잠시 프로그램을 지우듯이 깨끗이 지워버리고 밤은 언제나처럼 새로운 내일 앞에 경건한 모습으로 우리들을 일으켜 세운다. 낮에 흘린 땀은 마음의 청량제에 다름 아니고 햇볕에 검게 탄 피부는 마음의 광택에 다름이 아니라고 일러준다. 게다가 별이라도 빛나면 한낮의 더위쯤은 한 순간에 잊기 마련이다.

다시 시골생활로 돌아와서 얻은 가장 큰 소득 가운데 달과의 만남을 빼놓을 수가 없다. 사방으로 이름 모를 풀벌레 울음소리가 배경으로 깔리고 팽나무 가지를 흔들며 바람이 때 맞춰 불면 굳게 잠겼던 산문을 열고 마치 기다리기라도 한 듯 달은 이내 내게로 왔다. 어쩌면 첫사랑이 건네주던 말처럼 괜한 노여움이나 견디기 힘든 일들을 부드러운 수건으로 닦아내며 뜨거운 햇살로 인한 상처를 어루만져준다. 물론 나에게만 한정해서 베푸는 사랑이 아님에도 그 헤아림의 깊이가 결코 섭섭하지 않다.

인간의 사랑과는 달리 자연의 사랑에는 결코 차별이 없어 좋다. 생명의 근원인 비가 자기 마음에 드는 데만 골라서 내리지 않고 천둥과 벼락이 왕후장상을 피해가지 않는다. 달도 마찬가지다. 이름난 시인이거나 가난한 농부거나 설사 삼류건달이라 해도 꼭 같이 원하는 만큼씩 그 빛을 나누어준다. 아무런 대가도 원치 않는다. 마음의 문을 열기만 하면 열 섬이고 천 섬이고 마음의 넉넉한 양식을 퍼갈 수가 있다. 말하자면 내 것이되 내 것이 아니며 남의 것이되 남의 것이 아닌, 우리의 것이기 때문이다.

며칠 전 중국여행 중 상해의 밤거리에서 달을 만난 적이 있었다.

순간 남의 나라에서 마치 고향을 만난 듯 반가웠다. 하지만 그런 기분도 잠시 왠지 지쳐 보이고 고달파 보이는 모습이 내가 늘상 보아왔던 달이 아님을 알 수 있었다. 아마도 낮에 임시정부청사를 다녀온 뒤라 왠지 마음 밑자리가 가라앉고 숙연해져 있었기 때문이었을 것이다.

왠지 있어서는 안될 자리에 있는 듯한 달이 나로 하여금 잠시 타임머신을 태웠다. 이렇게 며칠 간의 여행에도 피로가 겹쳐오는 남의 나라 땅에서 제나라를 찾겠다며 몇 년씩 목숨 걸고 투쟁하던 애국지사들의 눈에 비친 달은 과연 어떤 모습이었을까. 때로는 고향에 두고 온 어머니의 모습이다가 때로는 사랑하는 사람의 모습이다가 마침내 얼굴조차도 기억되지 않는 자식들의 모습에 이르면 아무리 장부丈夫라도 차마 눈물 없이는 견디지 못하였으리라.

그 때도 달은 한 치의 의심이나 편견도 없이 빛을 주고 희망을 주고 목숨의 환한 길을 주었으리라. 아마도 그들에게 달은 하나의 그리움이며 마음의 거울이며 꿈의 해결사였을 것이다.

조선조 세조 5년에 지어진 『월인석보』의 첫머리에 '부처가 수많은 세상에 몸을 바꾸어 태어나 중생을 교화하심이 마치 달이 천 개나 되는 강에 비침과 같으니라' 라는 「월인천강月印千江」의 의미에 대한 기록이 있다. 물론 여기서는 '달(月)' 은 석가모니' 를, '천 개나 되는 강(千江)' 은 중생을 비유한 것이지만 모든 진리나 참다운 가치가 모두 여기에 포함된다. 하나로 천 개의 효과를 낼 수 있다는 것, 그러나, 그것은 오로지 실천에 달려 있다.

수리數理상으로야 하나를 천 개로 나누면 1/1,000이 되어야하지만 절대의 진리나 사랑은 오히려 나누는 만큼 늘어나기 마련이다.

양식이나, 돈과 같은 재산은 나눌수록 줄어들지만 세상에는 나누면 나눌수록 커지는 것이 적지 않다. 한편의 좋은 시를 읽는 것이나 한 장의 좋은 그림을 보는 것도 마찬가지다. 열 명이 읽으면 열 배로 늘어나고 천명이 보면 천 배로 커지게 된다.

아직은 달을 쳐다보았다고 달세를 내는 사람은 없다. 세를 내지 않아도 아낌없이 주는 무진장의 베풂, 그것이야말로 진정한 사랑이다. 누가 그랬다. 사랑은 하나를 주고 하나를 원하는 것이 아니라, 둘을 주고 하나를 원하는 것이 아니라, 아흔 아홉 개를 주고도 백 개를 마저 채워주지 못해서 안타까워하는 것이라 했다.

달빛을 기다리는 일이나 달빛과 같은 사람을 기다리는 일은 그러나 쉬운 일이다. 소중한 것은 내가 달빛과 같은 사람이 되는 일이다. 달빛이 되어 무진장의 사랑을 퍼주는 일인 것이다. 그것이 진정한 월인천강의 지혜일 것이다.

그물에 걸리지 않는 바람처럼

주일 오후, 앞마당의 매화나무 그늘에 앉아 물러가는 여름과 다가오는 가을 사이에서 들려오는 바람소릴 듣는다. 모든 나무들이 그 다양한 모습만큼이나 흔들리는 모습과 소리 또한 개성적이다. 플라타너스가 그 특유의 큰 잎새로 굵은 멜로디를 잡아가는가 싶으면 은행잎이 다소 무겁고 낮은 음색으로 바쳐주고 팽나무며 벚나무, 보리수나무, 매화나무 잎새들이 제각기 알맞은 소리와 자태로 이 세상 어느 지휘자도 연출할 수 없는 화음을 이어간다.

더러는 지나간 여름에 대한 감사의 마음일 것이며 더러는 다가올 가을에 대한 기도의 마음일 것이리라. 몇 차례의 태풍에도 쓰러지지 않고 그 무더운 더위와 가뭄에도 말라죽지 않은 고마운 마음일 것이며 다가올 가을의 아름다운 이별에 대한 간절한 소망일지도 모를 것이다.

아무리 오래 듣고 있어도 지루하지 않고 아무리 오래 보고 있어도 싫증이 나지 않는 나무들의 라이브 무대를 지켜보다가 문득 조금 전에 다녀간 사람들의 모습이 한 토막의 자막처럼 스쳐갔다.

조금씩 안면이 있는 세 사람의 40대 여성들이 근처에 있는 산사를 찾았다가 들렀다고 했다. 갤러리와 작업실의 그림들을 둘러보고 난 후 차를 한잔씩 마시며 이야기를 나누었다. 그런데 그들의 화제는 자꾸만 도심의 한가운데로 향하기 시작했다.

아이를 호주로 유학 보낸 친구 이야기에서부터 자동차 이야기, 남편 이야기를 하는가 싶더니 급기야는 정치 이야기로 비약해가면서 차츰차츰 목소리가 높아지기 시작하였다. 목소리만 높아지는 것이 아니라 차츰차츰 불평과 불만으로 바뀌어가고 있었다.

한참을 듣고 있다가 나는 조심스럽게 그들에게 화제를 바꿀 것을 권했다.

“여기는 정치하고는 아무런 촌수도 없는 자연입니다. 자연은 지혜와 슬기의 창고와 같거든요. 평생토록 자신의 발걸음을 한 발자국도 움직이지 못하는 나무들이 어떻게 수십, 수백 년을 살아갈 수 있는지를 한번 생각해 보세요. 아니면 저 흐르는 강물이 자신을 가로막는 돌멩이들을 어떻게 노래로써 극복해나가는지를 마음에 퍼담아가는 게 정녕 자연과 함께 하는 참모습이 아니겠어요?”

뜨거운 차를 권하며 나는 한 마디를 더 보탰다.

“갈대는 바람을 탓하지 않고 구름은 산을 나무라지 않습니다. 자신의 허리를 굽히면 바람이 지나갈 것이고 자신의 모습을 바꾸면 능히 태산이라도 넘어갈 수 있기 때문입니다. 문제는 자신에게 있는 것이지 상대에게 있는 것이 아닙니다.”

그러면서 나는 석가모니 부처님 당시의 가르침을 경經으로 집성한 〈숫타니 파타〉 한 대목을 들려주었다.

무소의 뿔처럼 혼자서 가라
소리에 놀라지 않는 사자처럼
그물에 걸리지 않는 바람처럼
진흙에 더럽히지 않는 연꽃처럼
무소의 뿔처럼 혼자서 가라

그렇다. 바람은 형상을 지니지 않으므로 그 어떤 그물이라도 능히 통과할 수 있고 연꽃은 그 어떤 더러운 물이라도 자신의 몸을 더럽히는 법이 없다. 모두가 자신의 의지요, 능력이지 결코 상대의 탓이 아니다. 어쩌면 경經이라기보다는 아름답고 소박한 한편의 시라고 해야 더 잘 어울릴 이 짧은 울림은 그러나 수많은 사람들의 삶을 끌고 가는 힘을 지니고 있다. 숫타니 파타는 1149수의 시를 70경에 담아놓은 초기불교의 경전이다. 이것을 다섯 장으로 나누어 세계 여러 문자로 번역되어 책으로 출간되어 있지만 종교적 의미를 떠나 삶의 지침서라고 말하는 편이 더 가까운 표현일지 모른다.

언제나 거물에 걸리지 않는 바람처럼 아무에게도 이로움이 되지 않는 특정한 마음의 형상을 버리면 집착執着과 무명無明의 질곡으로부터 벗어나게 되리라.

가을은 남자의 계절

쉽사리 눈에 드러나지 않던 갈대 숲의 스멀거림이 창문을 열고 들어오는가 싶더니 구절초며 연보랏빛 쑥부쟁이 꽃더미가 결국엔 나를 저무는 강변으로 불러내고야 만다. 발길이 닿는 곳마다 도심의 화원에서는 감히 상상조차 할 수 없는 순수한 아름다움이 혹은 다정스럽게, 혹은 애처롭게 속삭이고 있었다.

잠자는 생명들을 깨우던 봄을 선택하지 않고, 모든 살아있는 나무들이 한 달음에 내쳐 달리던 여름마저도 거들떠보지 않고 참으로 용하게도 이 가을까지 잘 참아 왔던 것이다. 무엇이었을까? 사람의 마음으로는 헤아릴 수 없는 어떤 이유가 있어 저 길고도 힘든 고독을 감내하며 기다렸던 것일까.

나는 차츰차츰 자신들의 그림자를 키우며 늘어선 달맞이꽃이며 어디서 떠내려왔는지 모를 메밀꽃의 호위를 받으며 강물로 향했다. 불과 몇 백 미터밖에 안 되는 거리지만 거기에는 그러나 여느 인생독본이나 철학서적보다도 더 많은 사색을 만날 수 있고 눈부신 사유를 만날 수가 있었다. 아니 어쩌면 책에서는 전혀 가르쳐 주지 않는 하찮은 것들의 아름다움과 드러나지 않는 존재의 가치를 만나는 기쁨이라는 점에서 사람이 지은 책과 비교할 성질의 것이 아니었다.

어쩌면 그렇게도 자신에게 맡겨진 소임대로 한치의 오차도 없이 자신의 길을 가고 있는지 생각하면 할수록 경이로울 뿐이다. 아무런 두려움 없이 자신의 마지막을 향하여 의연히 걸어가는 저 아름다운 풀꽃을 누가 감히 잡초라 이름하였단 말인가.

말하지 않는 가운데서 전해지고 소리 없는 흔들림에서 전해져오는 감응, 그것은 분명 문제를 제시하고 답을 함께 풀어주는 책에서의 경험과는 다른 것들이었다. 다들 기쁨을 부르면 기쁨이 오고 위안을 부르면 무엇이든 달려와 위안이 되어 주었다. 그것은 내 스스로가 문제를 내고 내 스스로가 답을 풀어나가는 사유의 공간이기 때문일 것이다.

그렇지, 저와 같이 살면 되는 것인데…. 자연과 더불어 자연이 하자는 대로 하면 되는 것을 사람들은 자신들이 하자는 대로 자연을 바꾸어 보려는 착각에서 벗어나지 못하고 있다.

아무리 이상이 높다 하더라도 너무 높은 곳만 바라보고 걸으면 넘어지기 마련이며 너무 낮은 곳만 보면서 걸어도 부딪치게 되어 있다. 너무 앞만 보면서 걸어가면 안전을 보장받을 수 없고 너무 옆만 바라보아도 정작 앞으로 나아갈 수가 없다. 비가 내리면 그 비에 젖고 서리가 내리면 그 서리를 맞은 채 이 땅에서 사라져갈 준비를 서두르면 될 일이다.

살아간다는 것은 자연의 섭리를 따른다는 의미에 다름이 아니다. 자연의 순리, 자연의 철리哲理에 순응하면 그만이다. 그렇게 순응하면 될 텐데 자연은, 아니 가을은 자꾸만 안타까이 나의 옷자락을 붙잡는다.

가을이 남자의 계절이기 때문인지 모른다. 여자가 미래에의 꿈과 설계로 가치관을 세우고 실천한다면 남자는 대체로 과거에의 추억과 반성으로 존재의 위엄을 세우는 편이다. 따라서 여자가 봄바람에 흔들린다면 남자는 가을바람에 약하다. 그런 면에서 보면 여자가 남자보다 더 창조적인지 모른다.

이렇게 찌든 일상에서 한 발자국만 벗어나 보면 문득문득 나 자신마저도 내게 남이라는 생각이 들 때가 있다. 내가 나를 어딘가에

팽개쳐버리고 수많은 사람들을 만나고 다니는 동안 나는 정녕 어디서 무엇으로 주어진 시간을 허비하였는지.

사실 항상 그대로인 정형의 나는 이 세상 어디에도 없다. 다만 바람이 불면 갈대처럼 흔들릴 뿐이며 차가운 이슬이 내리면 쑥부쟁이 꽃처럼 허공에다 시 한 줄 남기면 그만인데 내가 변할 생각은 하지 않고 남의 탓만 하기가 십상이다.

모든 생명들이 처음의 마음으로 돌아가는 가을, 가을은 이렇게 한 남자를 고독하게 만든다. 그리하여 생각을 성숙하게 하고 세상을 움직일 힘을 불어넣는다.

고독해보지 않은 사람의 말은 소리에 지나지 않으며 고독하지 않은 사람의 글은 영혼을 움직이지 못하며 고독을 감내하지 못하는 사람의 예술은 결코 감동을 수반하지 못하리라.

누구에게나 가을은 온다. 준비한 자의 가을은 아름다울 것이고 준비하지 못한 자의 가을은 다만 차갑고 쓸쓸할 따름이다.

이미 떠난 사람을 보내지 못하는 까닭은

뜨락에 쌓인 플라타너스 마른 낙엽 위를 달빛과 함께 거닐다가 초정 김상옥 시인의 부고를 들었다. 애기인 즉 사모님께서 별세하신 뒤 곡기를 끊고 닷새만에 뒤를 따라나섰다는 것이다. 뒤이어 선생의 별세를 알리는 인터넷 화면에는 "순애보"라는 수식어가 등장하고 "노 시인, 부인 곁으로"라는 표제도 등장하였다.

60년이 넘도록 해로해 온 사모님이 세상을 뜬지 6일만에, 그것도 부인의 산소에 다녀온 뒤 곧바로 쓰러져 이튿날 끝내 유명을 달리했다고 한다. 자신의 뼈가 부서진지도 모르고 남편의 병시중에 노년을 바친 부인의 죽음이 준 충격이 노 시인에게 생존의 의미자체를 부정할 만큼 깊고 크게 다가왔던 것이다.

초정 김상옥 선생은 문단활동만도 65년을 해온 우리나라 현대시 문학사의 대표적인 인물이다. 우리 국민 누구도 「봉선화」, 「백자부」, 「옥저」 같은 시조 한 편 읊조리지 않고 학창시절을 보낸 이가 없다. 독학을 했으면서도 시와 시조뿐만 아니라 서예와 그림과 전각에도 일가를 이루셨다. 특히 이미 고인이 된 박재삼 시인과 박재두 등 비중 큰 시인들을 많이 배출한 것으로도 유명하다.

나는 문우 M시인과 함께 선생과의 작별을 위해 빈소가 있는 서울을 향해 기차에 올랐다. 오랜만에 자리한 문우와의 계속되는 대화 중에도 선생의 모습과 선생과의 지난 일들이 끊임없이 뇌리를 스쳤다.

초정 선생님을 생각하면 잊혀지지 않는 몇 가지 기억이 떠오른다.

십 년도 더 지난 어느 날 나는 예술의 전당에서 열린 화랑미술제에 작품을 출품하고 참가하고 있었다. 천만 뜻밖에도 초정 선생께서 찾아오셔서 점심을 사시겠다는 제의를 하셨다. 물론 말씀이야 그렇게 하셨어도 워낙 그분의 깐깐한 성향을 들어온 터라 은근히 나는 순간적으로 긴장이 되었다. 특히 일식을 좋아하신다고 들어온 터라 나는 근처에 있는 일식집으로 선생을 모셨다. 당시에도 판사를 하던 아들에게 차를 내어달라고 해서 모시고 온 기사까지 셋이서 그럭저럭 식사를 마쳤다.

내가 식비를 미리 지불할 요량으로 먼저 자리를 일어나려고 하자 기어이 당신께서 내시겠다고 막무가내로 나서서 난감해 어쩔 줄을 모르고 지켜보는 수밖에 없었다. 약주까지 한 잔 하셔서 기분이 좋은 선생은 뒷주머니에서 돈을 꺼집어 내시고는 얼마냐고 물으셨다. 그런데 낭패는 그 다음에 일어났다. 선생께서 가지고 계신 돈이 절반밖에 되지 않았던 것이었다. "아하 그렇게나 비싸요? 낭패났군." 하시면서 겸연쩍게 웃으셨지만 순간적으로 상당히 당황하신 모습이었다. 언제나 대접을 받아왔던 선생께서 세상물정을 너무나 모르고 계신 것이 어쩌면 당연하고 자연스러웠는지도 모를 일이었다.

나는 전부를 내고자 했으나 선생께서는 "민형(선생께서는 막내아들 같은 나에게 항상 그렇게 불렀다)이 좀 보태주시게"하면서 기어이 주머니를 비우고서야 식당을 나서시던 모습이 마치 도저히 갚을 수 없는 빚처럼 아직도 뇌리에서 떠나지 않는다.

또 한번은 선생께서 다른 나와 가까운 문우 한 사람을 앞세우고 대구의 내 화실까지 직접 찾아오신 적이 있었다. 애기인즉슨 시조문단의 새로운 전기를 만들기 위하여 차별화된 전문지를 하나 내고 싶은데 나더러 그 기획과 편집을 맡아주었으면 하신다는 내용이었다. 나로서도 충분히 공감이 가고 또 필연성이 있는 사업이기는 했지만 그 자금문제에서는 전혀 자신할 수가 없었던 터라 거절을 할 수밖에 없었다. 감히 선생의 부탁을 거절하는 것이 도리는 아니었지만 사실 경비 문제는 가장 중요한 선결과제였다. 거듭되는 설득에도 나의 대답이 바뀌지 않자 선생께서는 의외라는 듯이 매우 실망스러운 표정을 지으셨다.

선생께서는 아끼던 도자기를 팔아서라도 자금은 걱정하지 말라고 하셨는데 말씀이 그렇지 한두 번도 아니고 지속적으로 잡지를 낸다는 현실은 그렇게 뜻과 같을 리가 없었다. 그 또한 세상 물정을 잘 모르시는 선생의 순수한 열정이자 사명감의 발로였으리라. 하지만 나는 그 순간적인 상황 속에서도 현실적인 계산을 하고 있었으니 뛰어난 대시인을 가까이서 모실 수 있는 자질이 부족하였던 게 분명하였다.

물론 초정 선생님과의 기억 속에는 고의는 아니었더라도 마음에 상처로 남은 일도 없지 않았다. 하지만 분명한 것은 선생으로부터 파생되는 모든 일들이 감성적이고 즉흥적인 것이지 결코 고의적인 계산에 연유되지는 않았다는 점은 부인할 수는 없다. 다만 아무런 계산 없이 즉흥적이고 다소 지나치다 싶을 정도로 직선적 판단에 너무 거리를 두고 경계하지 않았나 하는 아쉬움은 좀처럼 떨칠 수가 없다.

아무런 미련을 남기지 않고 세상을 떠나는 것들은 왜 그리도 아름다운지. 국화꽃더미 속에 남겨진 은근한 미소, 그것이 선생과의 영원한 작별이었다. 하지만 빈소를 나와 추적추적 비가 내리는 기차에서 내릴 때까지도, 아니 오랜 시간이 지나도록 나는 선생을 보내드리지 못하였다. 이미 떠나버린 선생을 내가 결코 보내지 못하는 까닭은 어디에 있을까.

다만 그것이 나 자신에 대한 변명이 아니었으면 좋겠다. 조금이라도 자신에 대한 보신의 마음이 아니었으면 더욱 좋겠다.

언제나 처음처럼

언제나 그랬던 것처럼 아쉬웠던 한 해를 보내고 우리는 가슴 설레는 새해를 맞는다. 더러는 동해바닷가에서 가장 먼저 새해를 맞기 위해 밤잠을 설치기도 하고 더러는 발이 꽁꽁 얼어붙는 고통을 감내하면서도 지리산에 올라 자신에게만 유난히 신령스러운 새해의 광채를 향해 절을 올리기도 하였으리라. 새로운 시간에 대한 마음의 각오는 그처럼 소중하고 그처럼 절박한 것이기 때문이다. 하기야 12월 31일의 해와 1월 1일의 해가 얼마만큼 다를 것인가. 보다 여유롭게 하루 전날이나 다음날 그 해를 본다고 해서 뭐가 그리 크게 다르랴. 하지만 마음은 그것을 용납하지 않는다. 우리는 거기서 해를 보는 것이 아니라 자신을 보며 자신의 내일을 만나기 때문이다.

우리는 누구나 새로운 출발선에 설 때 잠시나마 마음도 새로워진다. 기억하고 싶지 않은 지난 일들을 추억이라는 이름의 매립장에 묻어버리고 거듭날 각오를 하게 된다. 힘들고 무서웠던 지난 일들을 보상받을 수 있을 결과를 겨냥하여 혼신의 힘을 다해야 한다고 다짐들을 하게 마련이다. 누구나 새해라는 이름의 출발선상에 서면 새롭게 값쳐질 결승점을 향하는 자신에게 기회가 만들어지기 때문이다. 이미 값쳐진 지난날들을 깨끗이 지워버리고 새로운 희망의 다리가 놓여지기 때문이다.

누구에게나 새로운 출발은 그만큼 가슴 설레는 일이다. 거기에는 연초록 풀밭길이 열리고 거기에는 보랏빛 풀꽃향기가 가득하다. 거기에는 지쳐서 쓰러짐이 없고 좌절도 고통도 굶주림도 없다. 오로지 넘치는 기쁨과 축복, 그리고 오색의 무지개 다리가 놓여 있을 뿐이다.

따라서 마음은 경건해지고 땀흘릴 준비 또한 남다르다. 남의 허물은 탓하지 않을 것이며 남의 성공 또한 시기의 대상이 아니다. 상대방의 시비에 휘말리지 않을 것이며 상대방의 위협에도 굴하지 않을 것이다. 어떠한 상황에도 포기하지 않을 것이며 어떠한 회유에도 마음 변치 않을 것이다. 오로지 자신의 의지대로만 나아갈 것이며 천 번의 화를 참아 만 번의 사랑을 지켜갈 것이다.

그러나 우리는 과연 얼마나 그 처음의 마음을 마지막까지 가져가는지는 미지수다. 사람은 생각하는 갈대라고 했다. 생각은 그러하지만 흔들릴 수 밖에 없는 나약한 생명임에랴 어찌 돌처럼, 나무처럼 모두가 굳건하기만을 바랄 수 있겠는가.

'흔들릴 때마다 한잔' 이 아니라 흔들릴 때마다 마음에 돌을 하나씩 얹어야 한다. 힘겨울 때마다 자신을 위로하고 주저앉을 때마다 자신을 타일러야 한다. 언제까지나 남들의 손으로 부축 받고 언제까지나 남의 만세에 박수나 치고 있을 수는 없다.

산다는 것은 만남과 헤어짐의 연속이다. 새로운 시간과의 만남, 새로운 사람과의 만남, 새로운 환경과의 만남이 삶의 앞면이라면 친숙한 사람과의 헤어짐, 눈익은 환경으로부터의 멀어짐, 알고 있는 사실들과의 결별은 곧 삶의 뒷모습이다. 따라서 우리가 부모로부터 생명을 나누어 받아 세상에서의 삶을 시작하는 일이나 그 생명의 그림자를 지우며 이 세상에서 사라지는 일이 결코 별개의 것이 아니다.

다만 우리들에게 주어진 역할은 끝없는 선택인 것이다. 한해의 끝이 있었기에 새해를 맞을 수 있듯이 새해를 맞는다는 것은 바로 그 한해의 끝을 받아들이는 일이다.

우리네 조상들은 1월을 정월正月이라고 했다. 적어도 한 달만은 마음을 올곧게 해야한다는 교훈과 자정의지가 담겨져 있다. 한겨울, 정월이면 우리는 곧잘 추사 김정희가 그린 세한도歲寒圖를 떠올리곤 한다. 세한도는 추사가 제주도 유배지에서 자신을 잊지 않고 정성을 다하였을 뿐만 아니라 중국에서 귀한 책을 구해다 준 제자 이상적을 위하여 그려준 그림인데 소나무 세 그루와 잣나무 두 그루 아래의 초옥이 전부다.

하지만 세상의 모든 잎들이 다 저버린 한 겨울에도 언제나 처음의 뜻을 저버리지 않은 푸른 소나무는 소나무가 아니라 지조를 잃지 않은 추사의 모습이며 언제나 처음의 마음으로 일관한 제자 이상적의 분신이었다.

추사에게서 세한도를 받은 이상적은 이듬해 다시 중국 북경에 가게 되어 옛 친구인 오찬吳贊의 잔치에서 세한도를 내보였는데 자리를 함께 했던 청나라 많은 문인들이 세한도의 높은 품격과 사제간의 변함 없는 정에 감격하여 저마다 이를 기리는 시문詩文을 붙여주어서 더욱 유명하게 되었다. 국경을 초월한 감동이 '언제나 처음처럼'이었던 셈이다.

누구에게나 처음의 결심을 끝까지 변함 없이 지켜나간다는 것은 말처럼 쉬운 일이 아니다. 하지만 언제 어떠한 상황에서나 처음의 마음으로 돌아가는 일처럼 중요한 일은 없다.

나를 버려야 내가 보인다

잠이 든 사이에 눈이 내렸는지 먼 산이 희끗희끗한 머릿결을 드러낸 새벽이다. 나뭇가지들은 창문 밖에서 소리 없이 흔들리고 새들은 서둘러 마을을 깨운다. 이내 아침 밥 짓는 연기가 여기저기서 안부처럼 피어오르고 산들은 아주 느린 동작으로 겹겹이 포개진 어둠의 잠옷들을 하나하나 걷어내고 있었다.

나는 대추밭 사잇길을 통해 일과처럼 갈대밭을 지나 강변을 걸었다. 나무들은 나무대로 될 수 있는 한 많은 것을 버린 채 자신을 드러내었고 갈대는 갈대대로 선 채로 죽음을 감싸 안고 있었다. 물가에 이르자 나는 언제나처럼 정좌하고 흐르는 물소리로 마음의 얼룩을 헹구었다. 날마다 하는 일이지만 그때마다 한 번도 같은 모습을 보여주지 못한 마음의 상태가 사뭇 궁금했기 때문이다. 살아오면서 자신도 모르게 묻혀온 욕망이라는 얼룩에 가려진 나의 모습이 물그림자처럼 하나 둘 희미하게나마 드러나기 시작하였다.

먼저 나 하나만의 승리를 위해 남의 발길을 밀쳐내던 모습이 보이기 시작하였다. 다음은 나 하나만의 독점을 위해 남에게 일부러 돌아가는 길을 가리켜 주던 모습이 다가왔다. 그 다음엔 나 하나만의 소유를 위해 다니던 길을 막아버리던 모습이 다가왔고 뒤이어 스스로도 용납이 되지 않는 외면과 증오와 질시와 모함의 순간들이 흑백영화의 필름처럼 스쳐 지나갔다.

도무지 납득이 가지 않는 이런 모습들이 지금껏 내가 한 선택이었다는 것이 믿어지지가 않았다. 무엇 때문이었을까? 그리하여 내가 가지고자한 것이 무엇이었을까? 지금 나의 이 모습, 이 모습이 내가 수단과 방법을 가리지 않고 그토록 고대해왔던 모습이란 말인가.

굳이 깨달음을 겨냥하지는 않았지만 겨울 새벽, 그것도 강변에 서면 잠시나마 마치 구도자나 된 착각에 들기도 한다. 내 안에는 나로 가득 차 있는데 왜 나를 바르게 볼 수가 없었던가. 왜 거울처럼 나를 거꾸로 비춘 후에야 그나마 나를 볼 수 있는가. 나는 무엇이며 나는 누구였던가.

생각해보면 나는 힘이요, 나는 색깔이요, 나는 욕망이며, 나는 껍데기다. 나는 색안경이며 포장용기요, 나는 먹물 먹은 스폰지요, 나는 움직이는 저울이다. 나는 변질되는 생물이요, 나는 말을 실은 기차요, 나는 나를 속이는 야바위꾼이다. 나는 나 아닌 자에게 나를 전염시키는 병원균이며 나는 나 아닌 자에게 항복을 권하는 스피커이다.

내 눈을 통해 비를 보면 이미 그것은 비가 아니었다. 그것은 생명이다가 성장이다가 재앙이다가 슬픔이 되었다. 내 귀를 통해 들리는 바람소리 또한 바람소리만이 아니었다. 어떨 때는 자장가이기도 하지만 어떨 때는 공포의 대상이기도 했다. 나를 통해 너를 보면 이미 그것은 너의 참 모습이 아니었다. 때로는 근심이며 때로는 장애물이며 때로는 동반자가 되기도 했다.

붉은 물은 내게 와서 주황색이 되었으며 시간들은 내게 와서 구겨진 휴지조각이 되었으며 사람들은 내게 와서 감당하기 어려운 상처만을 안게 되었다. 나의 저울에는 열 근도 닷 근으로 보이고 나의 기차에는 언제나 어지러운 발자국만 실려있을 뿐이었다.

그렇다면 나는 정녕 무엇이며 누구란 말인가? 아무리 헤아려봐도 나를 지닌 채로는 나를 제대로 볼 수가 없다. 누가 진정으로 자신을 보려면 자신부터 버려야 한다고 했다던가. 그렇다. 나를 버려야만 내가 보이고 참된 나와 만날 수 있다. 참된 나를 만나야만 참된 너도 만날 수가 있는 것이다.

우리는 대부분의 경우 나를 버리면 남에게 무시당하고 남에게 짓눌려버린다는 피해의식에 사로잡혀 있다. 하지만 똑같은 물이라도 사과나무가 그 물을 먹으면 사과를 맺고 동백꽃나무가 그 물을 먹으면 붉은 핏빛의 꽃이 열린다. 소가 그 물을 먹으면 우유를 만들고 뱀이 그 물을 먹으면 독을 만든다. 문제는 그 물에 있는 것이 아니라 자신의 참 모습에 있을 따름이다. 그 어둡고 더러운 진흙탕 속에서 티 없이 맑고 깨끗하게 솟아오르는 연꽃을 보라. 그 어디에 진흙이 묻었으며 그 어디에 썩은 흙 냄새가 나는가.

나를 버리면 꽃은 꽃으로 보이며 나무는 나무로만 보일 것이다. 나를 버리고 나면 너는 너로 보일 것이며 마침내 나의 참모습도 보게 될 것이다.

그러기에 노자老子께서도 이미 지적하지 않았던가. "성인은 자신을 뒤에 머물게 함으로 앞서고 자신의 이익을 떠나 잊으므로 실은 자신이 거기에 존재하게 되는 것이다. 그것은 사사로운 욕심이 없기 때문이다. 사심이 없기 때문에 자신을 성취할 수 있는 것"이라고.

〈是以聖人 後其身而身先, 外其身而身存,/ 非以其無私邪, 故能成其私.〉(『도덕경』 제7장에서)

민 병 도 / 閔炳道 / Min Byeong Do

1953년 경북 청도 출생. 영남대학교 미술대학, 대학원 졸업
1976년 한국일보 신춘문예 당선
1978년 〈시문학〉 추천완료
1984년 ~ 1994년 〈오류동인〉 활동
1991년 제1회 한국시조작품상 수상
1997년 제15회 정운(이영도)시조문학상 수상
1998년 제1회 대구시조문학상 수상
2000년 창작공간 〈목언예원〉 개원
2001년 제20회 중앙시조대상 수상
2003년 제1회 월간문학 〈동리상〉 수상
2006년 제26회 가람시조문학상 수상
2008년 제45회 한국문학상 수상
2009년 제23회 금복문화상(문학) 수상
2012년 제2회 김상옥시조문학상 수상

시조집 • 『雪峰의 버들피리』, 『갈 수 없는 고독』, 『無常의 집』, 『섬』, 『地上의 하루』, 『不二의 노래』, 『청동의 배를 타고』, 『슬픔의 상류』, 『마음저울』, 『내 안의 빈 집』, 『원효』, 『들풀』
시집 • 『숨겨둔 나라』, 『만신창이의 노래』
시화집 • 『매화 홀로 지다』, 『흐르는 강물처럼』
평론집 • 『형식의 해방공간 그 실험의지』, 『닦을수록 눈부신 3장의 미학』
수필집 • 『고독에의 초대』, 『꽃은 꽃을 버려서 열매를 얻는다』

현재, 한국문인협회 시조분과회장. 청도예총회장.
《시조21》 발행인. 이호우 · 이영도 문학기념회 회장.

E-mail • mbdo@daum.net, mbdo@korea.com